金陵全書
丁編・文獻類

胡澹庵先生文集（二）

（宋）胡銓 著

南京出版社
南京出版傳媒集團

圖書在版編目（CIP）數據

胡澹庵先生文集 /（宋）胡銓著. -- 南京：南京出版社，2023.6
（金陵全書）
ISBN 978-7-5533-4163-7

Ⅰ. ①胡… Ⅱ. ①胡… Ⅲ. ①胡銓（1102–1180）–文集 Ⅳ. ①K827=442

中國國家版本館CIP數據核字（2023）第058763號

書　　名　【金陵全書】（丁編·文獻類）
　　　　　胡澹庵先生文集
作　　者　（宋）胡　銓
出版發行　南京出版傳媒集團
　　　　　南　京　出　版　社
　　　　　社址：南京市太平門街53號　　郵編：210016
　　　　　網址：http://www.njcbs.cn　　電子信箱：njcbs1988@163.com
　　　　　聯系電話：025-83283893、83283864（營銷）　025-83112257（編務）

出 版 人　項曉寧
出 品 人　盧海鳴
責任編輯　楊傳兵
裝幀設計　楊曉崗
責任印製　楊福彬

製　　版　南京新華豐製版有限公司
印　　刷　南京凱德印刷有限公司
開　　本　889毫米×1194毫米　1/16
印　　張　108.5
版　　次　2023年6月第1版
印　　次　2023年6月第1次印刷
書　　號　ISBN 978-7-5533-4163-7
定　　價　2400.00元（全三册）

用微信或京東APP掃碼購書

用淘寶APP掃碼購書

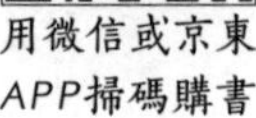

胡澹庵先生文集卷十三

宜川後學衍乘龍斯立 校閱

宋廬陵胡銓著

鍾蘭映奎　紹虞膚文

嗣孫　澐龍篆　廷棟騎屋

定靜園　近仁元長　編輯

逢盛亮釆　值夏道院　永陽院背　仝訂

小柬

與周去華二

某伏領誨字前年十一月二十二日發者不啻萬金

抵喜不可知也日夕懷仰書問濶絶意謂已内徙乃爾滯留可勝悵惘吾儕行止有命置之勿復道也海外炎溽異常不知彼復如何伏惟樂天知命台候萬福長沙慶問繹致尊嫂宜人郎孃均勝見春二侍者亡恙甚慰遠懷佳篇一一清絶洗眼急讀若坐梅竹間接杯酒道舊論文恍如醉夢魂神飛越也詩筆益高想閒謫居所養恨不撰屨從容日奉緒餘耳滎陽老希世之寶一驥長鳴萬馬空已道著此老非吾去華偉人豈能與同臭味若此小生初被譴時渠爲獨

坐夜半率臺諫及似之諸公毅然引救天明得旨放
罷似之爲僕歎其高義古未有輩殆與五羊不可附
書者相萬萬矣銘篆盛德何日忘之蒙公惓惓此老
聊爲一吐不須說似也泰發頃過璦留月許荷傾葢
後移儋耳月十一日得書從辛未之夏有旨下憲司
禁吾二人通問遂戢往往官不容鍼渠近爲儋守李
望所劾二十餘事追盡衆兵借事者并按諸郡僚不
旬日李望嘔血死士大夫翕然知有天道近見報前
新州守張棣自湖北鹽得市舶至漢陽發腦疽而卒

此二人可并案以爲行險者之戒蒙須惠鈔册鍾乳伏苓一一領訖極濟所乏佩刻至意蓬萊三兩次二両聊爲鵝毛之信勿訝微浼外兩貼一寄上東道一寄上滎陽老坡所云黎人之芹乃此近爲當路者所搜頗艱得甚愧不腆望善爲我辭拜晤末由敢乞坐進此道爲斯人自愛

某去年兩収雷州附到誨墨感故人之意至矣月初瓊守送到中秋書云比託趙守附書尚未収也違離之久渴仰何可異云披味來字亦少慰矣從審春夏

瘴癘方劇神物護持台候萬福台眷遠歸安穩自如可見盛德至善所臨災害自弭某衰朽不足言前已具哀疏當至當矣蒙諭見報許鄙人自陳此尚未見報及泰發泰相書云二月間除大宗正教授報亦未到自料老拙無似焉能更與諸生開反切耶老與諸生開反切乃梅聖俞詩泰發移郴近得靖江報復黎相未知的否丞相想已起僕方在疚未敢具慶墨須俟冬初且望因書及之老兄行大用遂倘或生還須一款名理也東坡北歸歎范純夫秦少游已死趙元

鎮鄭亨仲陳少南高彦先惜亦不及見太平也陳少南名鵬飛爲侍講不肯作大朝會表竄惠州死高登作水災策竄容南死皆僕知舊而鄭又同寮趙乃使長可爲長歎息流涕也某頃在廣東哭陳與高云蒲柳與君先衆脱松栢同我後羣彫今又十年矣富貴貧賤等死耳而惑者不悟如方務德劉昉輩竟何爲也蓋胸中無所養遂以富貴爲可以長生久視終身認爲已有耳附炎之徒今亦可以少慚矣

與陳守

其一睽携屢忽焉夏秋向往德守邈若山河雅眷餘迹不敢非時奏記必辱體解令弟都統家問過荷齒録自惟瑣瑣者曷以得此誠量洪包荒不遺棄物也佩刻眷顧何日忘之鐫諭江夏往來仰服規誨渠子弟執經相從固辭不可孟氏所謂苟以是心至斯受之而已僕頃位於朝日對清光一時同寮半作兩府戊午備員省闈及殿試官所得士爲兩府侍從者不少（如巫伋參政王之望黄公度侍講魏師遜侍御史）其餘同官爲監司帥守

者皆是也[如陳璹方滋劉昉沈昭遠黃南强陳橐薛弼裴宋元許于禮之類]至如同年及鄉曲爲監司帥守者亦不乏人[如陳經畧田察院是也]此數公皆契分不淺未嘗輙搖尾乞憐飾詞干利今乃謂僕與江夏往來深熟當塗亦聞之不知僕與渠通賄賂乎借權勢乎若通賄賂則令弟及此邦之人必能言之若借權勢則何不乞憐假譽於前所云數公之門而顧屑屑媚於一小郡知軍乎所以與之往來者豈得已而不已哉此葢易云見惡人以辟咎者也寂照老人尚不免李望毒手東坡猶俛首於詹使君

况僕乎哉可與知者道難與𦐇𦐇者言也素孚台照之深輙索言之恐正臣言安撫宗臣通守有言亦望以此告也

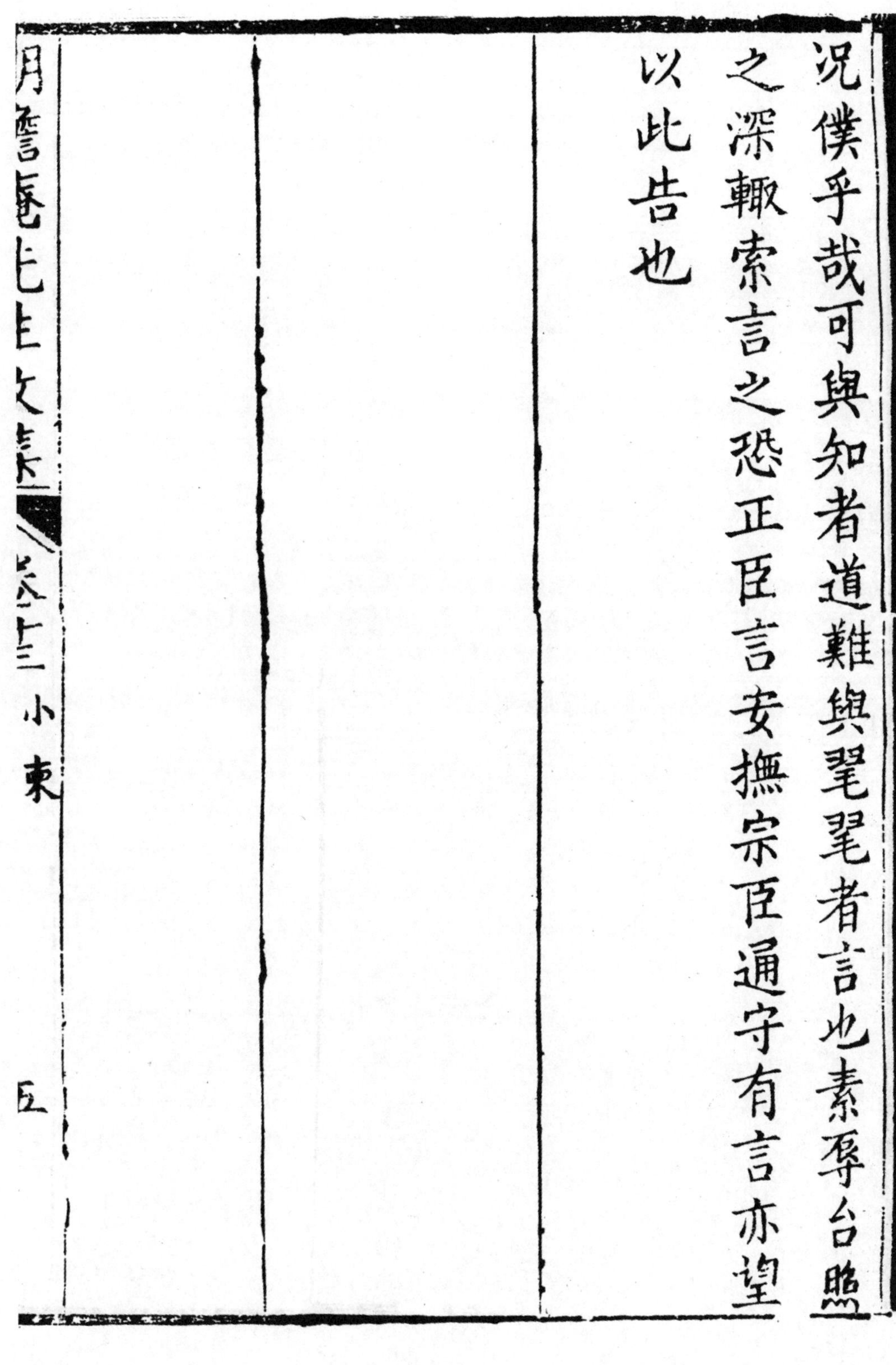

與莊昭林如宮

某頓首啓首夏清和緬維佳菴多暇道味日勝體候佳健某寓絶島與魅爲鄰尚爾假息聖恩不訾何以爲報亦荷法力餘庇也一别如許閲盡險阻艱難雖坡老謫海外未歷此險亦無如許之久其況可知所幸平生仗忠信未塡溝壑耳自過嶺來二廣帥漕憲舶不計數大半鬼録凡閲十五太守僅存二三孔子曰富貴如浮雲誠哉是言也昨聞坐獄喜遂善脱得抽頭處且抽頭亦是上策集道自過海而得書從而

年來杳然無耗不知何謂近亦附書去後便道盛意也羅守中死數年集道前亦坐獄年餘乃脫平生相知無如伯虎集道最謹畏尚不免縲絏乃知禍福雖自已求之亦有至數不可逃也會間萬萬爲道加愛何時執手一寫衷曲不一

與方耕道

某叩首載拜上啟耕道通判刪定年兄台座尊人忽奉誨翰海島萬里外人跡所不到而盛价不憚足蠒深入洞蛋不毛之地自非力行不已堅忍不倦用志不分豈敢再涉鯨波訪死生於魑魅鼉鼊垂涎之地足見勤誠所至雖蹈水火可也哀感之深無以借喻即日同兒輩對几筵發書痛哭佩服親契之篤何時可忘然前日武岡不遣人來今貶所方遣人却不可曉豈不謂鄙者患難歲久流落海外懼有干溷故與

小生二十年嚴譴守死忍饑以至於今若欲有求於人不求太師公而反走武岡所謂渴飲牛蹄之涔也豈不爲有識所笑竊料高懷固不如是蓋蘊子望深之言漫及之耳前數年蒙書下諭有奉祠半刺之寵亦嘗妄責愚瞽之言意謂非富且貴焉之時必遭唾罵自今觀之近似千慮細考公案若樸誠圖牢中物誰謂清鄉家乃出此輩頃與渠兄參政公若谷同爲編修又與其弟若虎同福唐幕而渠兄若虛毀短小生百出時宰亦薄之遂遭排累年若樸又不售乃知

李大亦不常常聽着也中庸云君子不怨天不尤人失諸正鵠反求諸其身常銘座右敢以爲獻伊川繹困卦甚有味曾細讀乎子韶景夏聖錫諸子方施行想必有引手者願少安貯聞賜環也小生近雖有量移之報尚未受命蓋海外兩涉海乃至而朱耶又在島之窮處雖赦書至今未到他可知矣倘幸生還定與一面然行止未可前決萬萬爲吾道自厚自愛匆匆不次

某近婁泄記計皆達張子誠來又辱惠誨感感子誠

弱冠而學識已不凡其政宣間在上庠侍中立楊先生席下請益一日云須多編類乃爲善學諸生皆疑其淺近雖德輝渠高弟亦怪之後又欲申問而中立偶得請至今疑之近以語子誠乃引中立論語脫驂於舊館以爲此乃編類之意僕頓悟中立之意殆此類也僕學禮記二十年禮家事多重複比例如檀弓與雜記喪服數篇皆須首尾貫穿乃觧向在海外見張子韶中庸甚佳然於制度疑似未了處輙云呂與叔說是葢子韶惟觧中庸於餘篇未觧故制度分上

頗畧方知編類之説於學者有功子誠可謂知言子誠大丞相佳姪孫也中立論語後解勝前解遠甚曾見否非熟於禮經不能到這箇地位葢與中庸解相表裏耳僕禮記解四十卷向亦求大丞相筆削俟得春秋序却納呈去年亦嘗呈解去矣因及之

與振文兄

某拜覆孟夏向熱恭惟尊候動止萬福某在此與新婦諸姪而次各循常不必念及楊遷等二月十二日到審尊兄房下骨肉皆安卑懷甚慰六十七弟婦奄忽喪逝不勝驚悼族間兄弟妹姪連年多故又重以此何以堪忍萬里嚴譴無由奔慰伏冀深自寬抑以慰遠誠六十七弟已之浙江何恁如此老兒爲累數年非土木偶豈不懷感顧終始受賜卑弟去侍下十餘年不子之責固不待說每念通判兄七十尚生還

鄉里藕子卿十九年歸漢萬里遼東亦歸管寧犬馬之齒比通判兄少二十年自戊午被放及今比李揆多一年比子卿欠二年比姜慶初欠三年比東坡多十年他不足論也倘厄運漸滿如子卿則更二年耳如慶初則更三年耳豈可便作死漢看謂不生還侍下哉如厄運未滿更展十年不然更寬展二十年尚得如通判兄七十還鄉有何不可但不知更二十年後和尚在盋盂在也此理甚明天理亦甚明世間人但只暗室閒低頭做事不抬頭覷天將謂李太伯濶

睡不知道李太伯自曉徹夜不曾睡著也聊發萬里一笑乞將此紙呈老兒同發一笑卑弟嘗聞二尊云族家婦人多高壽所不見及只如祖妣孺人百許歲生亭邑號此諸生所共知老兒總不敢望此但能自寬以仁存心自然高壽不待多祝也六十八弟比日安好領書且喜土著樂業作多田翁甚喜諺兄生事良荷主謀雖手足之助固當竭盡心力然世俗方觀望權勢萬鈞之壓追逐時尚不顧平昔害厚義而廢大倫滔滔者皆是而吾弟獨不畏罪垢之累亦人所

難更宜勉友于之誼以終之去年荷郡將以母老引赦中明近行所兵還同楊遷偕至遞到都省荷郡中勘會復申或可僥倖歸侍下弟婦姪輩各安百二姪喜亦安吉知爲學不倦秋舉雖不偶是穮是蔉有饑饉亦必有豐年也更須學禮乃佳謬叔幼年爲王氏學所惑不曾學禮泳澥輩悉令學禮四時享祀朔望酌獻畧倣古而參以溫公說行三獻今已數年嶺海學者往往翕然改觀泳弟讀禮已至雜記矣作賦亦稍稍知次第令錄呈十九姪兄弟蓋渠兄弟不外有

文字見及耳試取一觀痛與改抹乃荷禮記云學然後知不足教然後知困勿云已發解便足姪婦姪孫并計無恙某末由拜侍伏乞爲善自壽不備

與李宜仲

某昨在廣東兩見鳴騶入嶺謂必因緣邂逅此意竟墮渺茫茲蒙恩貸内徙假道江鄉展墓既已妄意合堂同席分一半見見而豺狼當路動被掣肘延頸墻仍不啻如新興之望番禺也況朱崖萬里外而欲劃見君子豈易得耶專人伏沭誨墨把玩不能去手甚慰甚慰追惟十七年之别恍如一夢而眷予之意不替有加始信吾曹相與雖落落不合正如霜松雪栢歲寒見節豈比蒲柳葦動摇春風旋即掃地欽佩厚

義何時可忘其近得孝孫報有自便之命萬一僥倖
須一走屏著未間敢乞爲吾道自愛

與譚思順 三

其不奉緒益忽忽許時渴仰望以借諭人來辱誨墨勤勤溢幅從審侍學多暇奉候萬福感慰兼集其向者學雖苦而身益困年益加而聞見益淺動與時左而迹與世違左右獨睠焉不替如見所畏輒不自揆度進其饜飫之說所謂伸於知已正如此也方以僭越冒凂爲愧乃蒙賜答益加誠盡而意向彌篤知有志乎聖人之道必將登其堂而嚌其胾如韓子所云而後已銘刻盛德何日可忘其滯留於此雖傳者紛

紛竟未得的報正坐穩處亦且任運耳未間更覬力
古加愛以副親闈之望

某前辱惠誨字援據源委反覆熟讀益佩勤誠愧衰
朽者何以稱塞盛意銘刻不忘而已示到題目良荷
不彼日爲事奪兼書尺及城中過客時官過從無頃
刻暇又不敢鹵莽塞白稽遲及今悚仄悚仄春秋之
學比他經不同他經或可觀望時世彌縫委曲惟春
秋謂之直筆故題中講說不少假借懼失經旨近日
曲學小生苟於速化往往每題必曰褒之嘉之以求

合主司之意而不知主司之意亦各不同有喜諂諛者有喜質直者不可概以諂諛求合耳如向來秦丞相用事時里中舉子有用太平字而得者亦有三十餘太平字而不得者是時主司皆闒䢵小子不學無識之徒亦豈可謂其間無一識者乎用太平字而得者必遭其無識者也用三十餘太平而不得者必遭其識者也以此知諂諛質直得失一般諂諛而得者必遭其不喜質直者也質直而得者必遭其不喜諂諛者也與其諂諛而得傳播四方以爲口實曷若質

直而不得尚全質直之名乎要之得失命也有性存焉君子不謂命也諂諛質直性也有性存焉君子不謂性也命苟否焉昔之諂諛而得者其不得必也命苟泰也昔之質直而不得者其得必也然則得不得係於天而不係乎諂諛與質直也而愚無知之小人則以爲諂諛者常常得志而質直者常常不得志則大謬矣如使諂諛者常常得志則近日如于曹輩不流竄海上矣如質直者常常不得志則向來嶺海數公皆不得生還矣古人如此者甚衆不可縷數畧舉

時事以爲規鑒僭越妄發亦恃心炤之厚其叠辱寵示春秋題不知誠有意乎遺經之微旨抑且慕遺經之名而不旣其實也僕爲此學三十有餘年矣雖投遐荒竄海島往返四涉鯨窟百經鰐淵自古逐客險阻艱難極矣然聖人心法與筆削之旨未嘗一日不根著於心往來於懷也至於集百家之善爲之訓說成一家學凡五十餘萬言其勤已至矣然猶首尾踳駁是非多謬況慕其名而不旣其實乎孟軻有云苟以是心至斯受之又曰彼以愛兄之道來

故誠信而喜之奚僞焉今吾友以學春秋而來是以是心至也雖慕其名得非以愛兄之道來耶愛而喜之雖孟軻不能廢於其徒而況予乎前所示題已各依經爲斷以塞來意後所示題姑留此俟續遣匆匆聊見區區

與黄守

某伏思疇昔竊承不早郡椽有光梓邦獲偕丞綿出童見君子得耳道義之誨啟廸顓蒙粵從海嶺流離音容乖隔凡厚祿之書斷絕而薄雲之義凋零遂寢濶中朝士大夫之光塵敢輕爲下執風馬牛之問訊豈意恩許還里天假之年識帚丞相之言成蓋申鮮虞之傳摯因緣通姓名於司賍特達辱齒錄於職箋遂揮雲毫遠移台翰寵蹈華衮賢於十部之臨意重兼金豈止八朋之錫謹寓尺紙叙謝悃伏惟鑒詧幸

甚

與甥羅尚志

向張成來收書知侍老嫂太孺人甚竭力六舅毋襄事良荷留意須吾甥自往水北一帶二三十里間尋地但土厚水深如溫公說足矣如得地却同泳弟卜之已戒張成準備鞍馬此書到便下手尋地世間人未有不死者死未有不葬何患無地禮記云擇不食之地而葬我焉不云擇陰陽向當也九經十七史老舅亦曾涉獵並不說壽考富貴由塋地呂才云長平四十萬人死非塋時俱犯三刑南陽多近親非塋地

俱當六合此說甚善俗儒不讀書不見古人議論溺於陰陽之書背孔孟之道戒之慎之若不從吾言勿踐吾門勿受吾教切切不一

與向宣卿二

其伏被台翰所以存録之意甚勤顧何足以當之濂溪之舉可以觀盛德善政非俗吏所能猥辱不彼俾記始末自愧骫骳之文覘嗶之學不足以鋪鴻藻揚景鑠方此惕厲時蒙溫詞下逮過有濵拂自非曠懷大度藏疾匿瑕兼收片善與人不求備曷克臻此銘刻風義何日忘之須賜潤筆此前賢故事敢不下拜跪受竊緣先兄通判獲出門下未有以圖報恩厚而小小驅策遽當盛禮則不爲讓區區誠懇欲且寄范

同年家以俟命僭越皇恐以之

其近拜台翰所以存録至矣銘刻不可忘也側聞還轅已抵臨賀文丈與道進退無適而不可然善類吾黨氣拂膺者累日古人云一君子進而天下皆相賀一君子退而天下皆相弔誠哉是言然其獨以為不然方時承平君子道長誠可賀也君子退處誠可弔也方小人成羣之時而奉身以退樂道無悶則不可弔而可賀昨來莫將陳橐王鈇繼踵瘴死公幸生還則又可為天下賀區區悃愊伏紙於邑

與陳長卿

某乙亥冬、蒙恩移衡丙子秋始獲比渡再涉鯨波方抵雷陽寄命一葉萬仭之中脱風濤萬死一生之地崎嶇萬里踰年乃克至徙所獲保首領再見華風天地鬼神實相之然非大君子不遺舊物力借牙頰噓枯吹生萬萬無更生之理以至於此佩刻風義淪肌入骨何日忘之某在島上時側聞輿議竊知昨來銜命出境不撓節於虜庭有識增快固可羞妾婦之顏而奪之氣敢丐益堅雅志始末不渝俾沓靈之類復

見太平官府天下幸甚天下幸甚無由瞻承伏乞倍保鈞重即膺考慎副海宇蒼生之望

某自戊午冬獲譴來南已未春伏被鈞翰曲敦曩契開慰綢繆不替疇昔感篆盛德至於流涕落南歲久母兄繼亡生不得養死不得塟不孝不弟之罪九死莫贖戚戚嗟嗟抱恨窮島無復生理重惟父兄師友之誨不敢失墜懼一旦先朝露填溝壑則此志永以是終無一藉手報先人於地下輒妄意集諸家之善綴緝塵言解易春秋戴記得百餘卷平生精力盡於

此矣念非得當世大賢一加品題表而出之則糞土
之言決不能有立以爲子孫不腐之傳是二十年焦
心勞思唇腐齒豁竟奚益哉以是日夜惕厲卧薪髁
雪食蘗嘗胆朝舌炙眉拉臂攉胸而不皇須臾寧處
也壹念今世間知己無如夫人學且善而當今挺不
世出之才爲天子大臣負天下重望宜莫如夫人某
也倘不一矯首而乞言焉是二十年之苦心志勞筋
骨餓體膚空乏其身殆將與草木俱腐朽壞共盡矣
是用不避斧鉞之戮萬里走書於門下仰丐片言之

褒大政之暇，苟憐其區區之志而賜以片言，榮當年而垂後世，則破甑敝帚增九鼎雲惠之重，顧不偉哉。干冒鈞嚴，下誠不任皇悚之至。

與范伯達

某渴德之久雖筆端有口未易宣寫去年假道江西方季長民大爲藁尾士流脇息之時欲通書而不敢去久抵此雖塞門念僭而漕憲諸公時復一遇畧能言此日當塗人物亦足少豁塵抱雖弟提幹行留剌門者遽排髯鬣闖擁已望望而去之若將浼焉以是不獲注記實非自絕便兵忽奉誨翰勤恤其隱而勞問其帑佩服雅契厚矣退惟家難荼毒銜恤罔極厚祿故人滿世誰復挂念重爲執事憂拜念之辱其前在

窮島無所用心輒妄意易春秋戴記得百餘卷以訓童稚張李兩公各冠以序亦欲陳長卿引而伸之年兄振職之餘倘賜一言以爲不朽甚休甚休僕老矣無復榮望惟教子讀書以終殘齒佇聞北方有赫赫者必吾同年也民之憔悴於漁未有甚於此時敢乞苗媷髮獮以大慰倒懸之望使實惠及人無一夫弗獲幸甚幸甚

與張欽夫

某伏承頒賜大丞相先生傑作跪受正冠伏讀粲然動心駭目端所謂變化若雷霆浩汗若河漢正聲諧韶濩勁氣阻金石豊而不餘一言約而不失一辭其事信其理切者也端所謂本諸身徵諸庶民考諸三王而不謬建諸天地而不悖質諸鬼神而無疑百世以俟聖人而不惑者也端所謂清明象天廣大象地始終象四時周旋象風雨五色成文而不亂八風從律而不奸百度得數而有常小大相生終始相成者

也夫制作之盛至於包括天地四時風雨之妙禮樂之蘊雷霆河漢韶濩金石萬物之變可謂至矣自非所養至大至剛所學至純至正所得至渾至厚決不能諳其極有如此者決不能不阿世以遠道有如此者顧不肖愚曷足以仰副期望之意而骫骳之文何足以當華袞之飾古人冠玉之喻誠不欺矣謹當寫之琬琰以傳不朽使千萬年知尊吾聖人之道不在斯文乎方丈遺人迫甚不及臚縷伏祈台照

某自二水拜違台範轉盼許時跂仰德誼不啻饑渴

去夏抵里中人事破頭加以連有功緦之制記室之問潤焉不講必辱照恕大丞相起鎮大藩天下歌思歸相天子萬方一概也議者皆謂用不用繫天下重輕焉某獨謂實存亡所繫如孟軻氏所云不用則亡者重輕不足言也僭越及此不寒而栗

胡澹庵先生文集

與邢司戶晦

其諛聞無似平昔講服司户學士畏友稟清淑秀岐之氣負俊偉不群之才而益以時敏力行之學文章小技蓋亦不足爲矣比日諸公不移桑蔭躐登兩社者肩摩踵躡未必皆人人臯夔稷契伊呂周召丙魏杜房也有爲者亦若是執事勿以疎遠而自畫少加勉焉安知不皆諸公如也畫手看前輩吳生遠擅場若求及比日諸公而止耳不勞逼也倘求及前哲於古人中擅場乃所望於蕭傅如執事聲稱籍甚僕固

願交而不可得乃辱許可過實如見所畏甚非畏也僕老矣又重以二十年權勢之厄豈復他覬第拭目以觀北方有熠熠者必執事輩姑拱而俟某戊午夏備數槐棘獲侍大資丈研席而忝與僚末盍自丁未之冬是時亦獲覿光親迎盛禮略得瞻望丰度俯仰幾兩星終拜別許時嶺海濶絶亦不知大斾所寓丙子秋渡海間關年餘去臘方抵此雖相距不數舍而驚魂未定欲通書而不敢豈謂曲敦雅好惠然移問禮與辭皆非區區者所宜當自揆衰朽曷以得此感

今懷昔太息出涕某頃在朝路嘗謂資政夫昂昂如鷄羣之鶴大見稱賞既以某狂瞽獲罪人爲危慄公獨奮然帥臺諫引救夜半賜對便坐且得旨釋某罪此恩未報而公溘然某尚恐言之昨在席收周去華書云公以直牾當軸者徙封某既過海每得去華書必蒙寄聲甲戌冬去華報公捐館不覺涕之沾襟蓋上以爲天下痛而下以哭其私近和國姪及侯計議文仲自蜀來見訪云蜀人至今私遺愛此決不誣石夫人無恙否鄭機宜今守官何地陳卿李廷美皆嘗

聯事必能爲地也信筆縷縷伏乞台炤

與汪聖錫

某春中嘗泚記俞録叅來復被台翰勞問懇懇故人於我至矣自落南以來平生厚善者踵相躡富貴如兄敦尚風義者無幾佩刻至意何時可忘賢關朋遊今存者誰聞末言兄弟及友善輩亡恙訪舊驚呼半死半生可歎也汪丈碩德宿望簡在宸衷士流日冀承明之拜而後來隆中人往往躐遷有識太息某行且休矣倘幸歸田秉戴月之鋤以聽士林熖熖者必吾兄也張燕公云宰相時來則爲非此過論姑拱而

俟之難弟廣文綽有家範嘆仰德門之盛

與劉世臣

某間關嶺海望走我里牛馬風逸蓋不相及以故竿牘缺然一時新進往往啞視逐客不斥爲怪士則指爲陳人蓋逐臭者自與我輩異味不足多責足下乃能拔乎流俗幡然與雅舂者通書不問可知其爲人端不愧臭逸老也何時一奉大宅少慰龜信不勝毣毣之懷

與劉漕成材

某故人益陽宰謝宜教純孝書薦其兄蒼梧令純粹孝友廉勤久荷台庇欲出門下厥路無由輒求某一言為地某自惟糞土之言決不能動人兼亦不識其為人因辭者屢矣而書來不已某雖惡其强聒而又私喜其意懇懇於厥兄如此也書以弟不念天顯兄不念鞠子哀為言春秋譏鄭伯不兄段不弟詩易及戴經十倫皆以兄兄弟弟為說聖人於天倫至矣其平生斷斷無他技獨於手足之愛頗厚先兄早世垂

三十年至今不忍各爨每見人兄弟怡怡者必健羨之恨我獨無也今見二謝友于如此令人感歎不已就令不求知於世尚當暴白其事以告當路賢有力者表而出之况其言懇懇耶僕重念近世薦舉道衰非權要有挾則往往貨取謝君不走權要不以貨取而獨有求於僕則謝之爲人可知也謝君不走權要不以貨取而獨因僕以求知於執事則執事之薦人不私又可知也年兄其亮之否乎年兄知僕深且久故敢索言之然可否則不敢必手凍不能多言

與唐黎州秬

某自嶺海内徙講服大譽居懷企仰以未獲見犀貫爲恨去年十二月温陵蔡宣教忽携台翰下逮陋屋且出示往歲皂囊伏讀久之不能去手謇然偉論自二十年來朝野鉗結無此作矣近日附時論工揣摩者相踵卿相而閣下獨與時左益依世則違道詭俗則危身殆自古所歎與道進退固不得不與時背馳也自非所養剛大唾視浮雲未易及此其何爲者新進指爲陳人諦與之交非惟諦與之交聞其姓名已

掩耳若將浼焉而執事萬里移書如見所畏高懷雅德自與逐臭帇帶嗜鼠者異趨也廟堂乏人旦夕除目必有不待次之舉尚慎作止以慰所懷賈山云士脩於家而壞之於天子之廷古今通患僭越僭越正遠承顔遡風懷想敢乞上爲岩廊善保精神無害浩然之氣下誠不任祈禱之至

與余憲良弼

其伏被台翰諄誨懇懇所以存問眷與之意至矣弟獎借太過非所望於蕭傳耳佩刻久要感歎無以爲喻年兄於一代人物最爲耆德宿學自當接武夔龍比肩稷契出入禁闥謀謨廟堂而落落遐陬亭刑異縣則爲非所宜處然古之君子與道進退當内重外輕之時則以處内爲不可而求處乎外當内輕外重之時則以處外爲不可而求處乎内如恨出降之晚而志於外重如雅意本朝而志於内重皆非聖人之

胡澹庵先生文集　卷二　三

中道君子耻之君子惟道之從内外奚容心哉執事淡於求進恬於收斂處進退之際得矣復何求乎上方宵衣求賢正恐玉節歸來不容久外姑拱而俟之

與左教授

某中昨僭越輙及季庭事聊復爾爾乃辱誨答以尾生爲喻甚善甚善按尾生即微生也竊謂古人信莫若微生而失信莫如桓王微生匹夫也人品第五桓王王也人品乃居第七信不信相去乃爾遠耶仲尼大聖蒙莊著書號爲真經東方生正人端士也於微生皆有取焉而左右斷然號於人以爲不足法將開天下後世狙詐詭譎之門殆非細事願更熟思孔子曰君子不失口於人左右似失口矣春秋傳曰信者

言之瑞又曰杖莫如信夫瑞猶符也符所執以守杖所凭以安信一失焉是棄所守而舍所安尚何恃以生乎記曰童子常視無誑今與人約一旦無故而食言其爲誑不已甚乎春秋之時一言不伉兩國爲之暴骨聖人大書特書於盟會最嚴何獨取曹沫之盟哉左右春秋頂少望以無誑爲法以失信爲戒他日立朝必不至左右賣國如近世數公也徙木之賞得志弗爲幸萬萬加愛

與南彥姪

某告南彥賢姪春寒想與長幼吉健此與泳淪羅甥並如昨便人収書信喜可知也姪孫求字謏爲寫禮記内則篇數句以授諸幼葢欲後生知學禮耳近世學者見温公及四先生只解中庸大學遂謂前輩都不讀其餘四十七篇是不曾讀伊川雜記及温公書儀家範兼不曾讀六一禮説也張子韶文士於禮甚疏其解中庸至制度疑處輒云呂與叔説是葢不曾讀其餘篇故不串貫耳彛常飲酒須冠帶勉强其所

病以矯揉其所不及而世俗非笑之嶺海間往往以爲是而化焉士大夫至今行之不廢也近至衡亦屢講此可與識者道難與沐猴言也和國公近傳可喜三同年入臺公議少開吾黨之幸未間力學教子自愛不具

卷十三畢

胡澹庵先生文集卷之十四

宋廬陵胡銓著

宜川後學符乘龍斯萬　校閱

鍾蘭映奎　紹虞膚文

澐龍篆　廷棟騎屋

嗣孫　定静園　近仁元長　編輯

逢盛亮釆　值夏道院　永陽院背　仝訂

小柬

與黄世永

專人特枉誨翰禮與辭皆過當雖云厚愛非蹝趄者

所宜蒙也拜違台範忽忽五稔甚欲涖記恐爲門下累渉筆輒已謂必獲譴而眷意有加非甚盛德曷以臻此感慰無踰秋暑尚熾伏惟忠孝格天敵處有相百順具臻某歩曰餘生仰休玆芘幸脫縲絏知幸之自昨在湘中嘗得移臺諫偉論善類鼓舞尋即馳寄和老父子嘆服不已近見亦問安否願益加意遠業主盟吾道廷秀相見亦擊節稱賞乃知出門同轍之論誠不妄也世世永負石渠東觀之望而泊然猷畆袖玉堂西清之手而澹乎漁釣可以觀所養矣某四月

半對鄉二十年艱險之遊一旦安土固云幸矣而冠盜方作未□所稅駕也奈何奈何夏中欲附訊似聞之徑山盛仍來知行李既辦而止徑山必時通書子韶一病不起可爲天下慟吾輩各宜自愛末由承顏伏紙於邑某近與親舊書止一二幅所欲言者不過如此餘皆不情語不敢效尤千萬深炤

某復辱枉誨勤勤滿紙把玩誦味感慰無斁秋色益高恭審蔚然人表道腴日進神物交孚台候萬福某區區僅如咼魚假息不足上煩勤卹惟是高山仰止

如懷古人每與周子中過從未嘗不講服盛德也皂囊副本特辱擲示整冠肅容三復太息雖古人復作不易斯言矣二十年文章觥觥若四體之無骨所謂媚道成而害斯甚惟此時爲然公獨能拔乎流俗文起一代之衰氣奮三軍之帥追虞翻不媚之骨吐留侯苦口之言非所養剛直得孟軻之浩然決不及此歎伏歎伏此日諸公如合口椒往往固位保寵此老杜所謂所得幾何遺臭無窮者也聞執事高風亦有覘矣顧無效帝侍講十去七八則善矣曾廣文討古

序文久在下懷朝夕即馳内決不敢食言參承來涯臨風悵惘敢冀倍萬珍嗇本強則精神折衝富貴不足道也

與劉辰告二

某自壬子冬嘗賡伯仲雪詩徹字韵者今屈指三十年矣爾後不復相聞前在新興間得難兄零陵書亦不聞左右及進士第雖伯稱日過從語亦不及尋即浮海與中州士人遂絶自是執事之聲名愈不到小人之耳兀然窮島之上戚戚嗟嗟日與死迫身世兼忘豈復講故人竿牘坐是於門下日遠日忘誠自取疏外復何怨尤敢謂高義薄雲曲敦難兄學士簪履之舊且未忘屋上之烏惠然移書幡然講好追惟平

生賡唱大半爲兒泫然涕下尚恐言之執事仕途駸駸行即亭踐乃與時左訪逮陳人佩刻至意何時可諼

某恭惟上方側席宵衣求賢如渴凡占一藝者必録待詔公車往往若而人矧博洽多聞之士焉有棄而不収者仙尉學問文采非不如今人而位不登於館閣迹徒勞於州縣若棄於時而不見收者自衆人以觀宜若不得其所而君子則以爲士志於道而已苟得行其道雖在州縣榮於台宰苟道不得行雖館閣

若將浼焉然則學當求及古人不但求及今之人爾求及古人楙福一尉耳而芬馨多矣求及今之人即位登三台不過與張禹孔光同科遺臭無窮也執事有志乎古一尉如處美官可見所養然張燕公嘗云宰相如來則爲令之守道者未必時不來也願少安之

胡澹庵先生文集　卷

五

與王詹叔

某前日欵承鈞誨聞所未聞下懷不勝慰滿專俟伏被鈞翰恭審即辰坤變一陽復來七日自天垂佑與國同休鈞候動止萬福其特辱須示瑰瑋之文骨鯁之論鬣纓伏讀備見淵源之學卓越之識擴而充之則皐夔之業伊周之事不難踵也推而行之則唐虞之化成康之治不難企也舍此而欲他求則舍堯舜而桀跖矣舍成康而幽厲矣匆匆具謝不恪伏乞鈞炤

與妙喜上人

某皇恐拜啟徑山堂頭禪師法席即日秋色益高恭惟道冠叢林意行九寓如震海風作則怒號萬竅如吹毛劍用則威讋千軍某雅春餘生遠沐慈恩之芘假息粗遣不勞挂念人來特枉妙翰整冠伏讀灑然大慰孔文舉亦知世間有劉備耶甚休甚休輒亂道一絕道區區向仰之誠望賜笑可餘惟為大衆珍重不宣

與李節使寶

其昨日舟次五車堰阻風方欲具稟忽承專人須惠台翰備荷眷予之意其臨陛辭主上令面諭節使緣舟行濡滯未獲叅展不勝悵惘泰州失守已令同官移文蒙諭軍兵单寡誠如台諭然亦當量事遣兵且張聲勢姦臣誤國勢至於此上已赫然奮怒行遣吾曹正當今日力圖報主見危致命之秋望激勵將士一以當百雖奮空拳可以落敵人之胆僭越及此伏乞台炤

與張判院敦義

某拜違忽如許渴仰德義何可具云屢枉咼誨甚慰鄙抱佩刻誠意某已次江陰道中河氷寸步千里已約束諸將收復殘破州縣福山詩浦及料角控扼去處一一嚴備似可以保海道無他探聞虜舟二百餘隻尚敢睥睨然已知其無能爲也匆匆不一

與張子充二

某忽辱誨諭感慰蒙素白丹方敢不聞命然海上萬里之書張欽夫垂二十年不能得而舍人丈一旦折簡得之有是理哉重惟學者之用心常欲疾病相扶持而乃靳於一方可乎況疇昔嘗笑欽夫今欲效尤是謂令後人笑吾猶吾笑房杜也謹令學生親錄以獻雖不敢庶幾劉更生鴻寶苑之秘亦可彷彿孫思邈白朱砂之奇萬望珍嗇勿非其人幸甚幸甚其少浼嚴聽兩日側聞提宫七丈還轅禮合鮮腆而阿咸

遠適亦當較羝輒不避溷瀆以酒壺綴羊羫聊助厨人擊鮮伏𠕋親仁特賜笑領下情不勝悚恐匆匆具禀不悋

某自辛卯秋拜違星表於霅光亭叅政曾文祖席之上俯仰十穀朔矣懷德慕義不啻充熱之至一昨屢枉誨筆辭意繾綣把玩不能去手緣倒不敢作日邊故人竿牘咫尺之書一絶每一反書如刺在背然苦李甘棠之諭未嘗有懷誠有味其言之也今者側聞以攖鱗去國雖其言不白於世而公論浩然有不可

揜焉者矣且人有不爲而後可以有爲蓋出處固當以道我則無可而亦無乎不可則行止要聽之天舍之則藏仲尼獨許於顔子險而能止易爻不繫於人爲故曰桓魋其如予何臧氏焉能使予不遇然則公之進退豈不綽綽然有餘裕哉某已買舟一聞拏音即翩然東下既見有日預以躍躍即日盛炎可畏伏與上爲宗祐尊生即膺還詔以副善類之望坡公漸江絶句云電光時掣紫金蛇此亭舊無額敢以電光目之以俟當軸處中特爲拈出廢朽拙獲與茲亭江

山俱不朽爾僭越僭越

與汪養源

某皇恐一昨輙以葛守祠堂記有請思駭汗如雨并坐食言想必有謂古人有父病書太守姓名厭禳者或請殺之太守笑曰是爲其父則孝也何罪之深某每歎今之爲士大夫者一行作吏饕富貴去墳墓棄親戚上忘其君内忘其親有一人知念其親而割俸以立祠使尼父復生當大書特書盛稱以爲勸矣今乃曰是嘗爲盜是嘗貪墨豈不污我直筆則管敬仲不當舉盜袁司徒不當不鞫人以贓古人行事皆不

足法矣孟子曰子以爲有王者作將比今之諸侯而誅之乎其教之不改而後誅之乎郭林宗門下士皆前日緑林人也聖人化惡進善不專誅責薛贛君使椽平鐫是亦林宗之用心若不教而誅雖比今之諸侯而誅之恐竭南山之木不足以爲梏也高君謹不敢再有請輒附家僕寓書爲謝家僕偶送方耕道之子至臨川的便具禀不恪敢乞炤恕祠堂字已領并與台察

與楊正伯

某服膺大譽願見之日久矣而頌繫之跡動與時左況賢人君子自是世間美瑞其未遂先覩之快固宜陳生來兩奉誨墨灑然如執熱以濯幸甚不可言也至於稱道過實則不敢領銘佩盛德何時可忘某向者重辱鐫諭禮學備見不恥下問以能問不能之誠意然老聃奚爲者而聖人問禮焉曾子問具其禮以爲訓今陋儒小生苟一第則已南向稱師偃然謂世無孔子不當在弟子列者相踵聞先生之風亦有靦

矣僕骫骳之説固不敢出示人猥辱不彼敢不薰沐
筆札繕寫以獻幸少遲之不恪
與趙永年
某自聞出幽遷喬慨然來歸深契擇木之義甚休甚
休醜有夏而歸亳有莘所以贊成王業也去嬴秦而
歸漢曲逆所以佐成帝業也敢與勉力依乘風雲復
可指期矣僭越恐悚

與劉共甫

其一自爛柯執違行且五稔幽居不與便值職箋之問闕然不講惟尊敬名德渴想誨益寤寐談歎則不若是歉也耑人忽枉翰塹累番懇懇悃悃獵僂把玩不能去手慰喜可量頃者潢池弄兵聲讋中外而下車未幾已聞廓清自非威譽望實素著安能不掩扆而收晏然之功古人枕席過師折衝尊俎不吾欺矣方厝火積薪之下火未及然之時而魁磊碩畫袖手旁觀豈國之福昨得邸報有賜環之命善類鼓舞祈

箠以鞭㥽赤眉無煩高密之久外理固應爾盡行平日之言願勉之

與斗南姪

冬寒想與諸幼吉健老人太宜人必善官下矣領示兼辱惠上梁佳作歎服歎服趙武築室而張老頌之東坡起樓而少游賦之湫隘之居僅容屏攝遠慚趙室近愧蘊樓而拋梁之篇近轢少游遠追張老發藻泉石寵光衡茅榮耀多矣雖白鶴親作何以加焉謹以付執樸者且藏本以無忘棠棣之賦匆匆不恪

與安國 二

某悚息季夏劇熱荼惟判府安撫中書舍人待制鈐齊整暇神明扶持台候萬福某僻居深村不淮記者久之必棠炤恕方時多虞厝火積薪之下火未及然之秋謂宜卧薪嘗胆日虞寇至而廟堂已爲太平事業賢者遠屏江湖竊爲太息偶故人之子孫省幹次襄欲出門下輒寓數字候問匆匆具禀不恪伏幸台炤

某皇悚自聞除書竊謂朝廷惜賢者之遠古人所以

有驥垂兩耳伏鹽車之嘆僭越僭越某一親戚楊昭
文忠襄公之次子學且廉獲在宇下望不白眼忠襄
死節葉少藴識其廟詳矣不俟僕糞土之言匆匆具
記不恪伏祈台炤

與方務德

某頃備數論思不能緘嘿獲譴以罷屛處窮谷日友蛭螾不敢通厚祿故人書一切皆絕非獨於門下恝然但居恒靜念三十年舊如吾丈及仁仲太息出涕而已此心惟天日照之敢謂未賜斥棄尚肯數千里移書非長厚者超軼刁俗安能及此即日劇暑焚如伏惟坐鎮留鑰明神叶扶台候動止萬福某託庇苟活疇昔閩嶺海逾兩星終生理蕭然無尺椽之居近始卜築村落纔禦風雨老杜云捲簾惟白水隱几

只青山此貧者家風也惟婚嫁未畢殊關念自嶺南歸長學生李泰發家親次學生已二十尚未議親二幼子亦未有親而頭已半白尚能得饑寒暑日徯執事進用輟一小邑相處陶淵明有是福哉盛炎汗筆奏記不覺醜縷亦不敢累紙正遠良覿伏冀上爲簡在益毖鼎第以對休明吾副欣屬

與鹿倅

某不見龜齡一年矣見龜齡所與游而厚且善者又如其爲人者則如見其人焉易曰神而明之存乎其人龜齡亡矣其所與游而厚且善者又如其爲人吾得見焉則龜齡不亡矣所謂不亡者非止謂其人不亡也謂其道不亡也龜齡之道不亡非神而明之者有其人乎某向者在朝路時與之游者有矣與之厚且善者有矣身與之游而心不同者亦時有焉求其厚且善而心相知者龜齡一人而已彼婉孌者有舌

如棘羣起而見攻者非憎僕也憎僕所與游而厚且善者非其徒也自龜齡之亡可與語此者誰乎可與語天下之大利病者誰乎然則執事之來天也東坡子曰天遣君來破吾顏僕於公亦去僊懲中伸紙直書不覺醜縷焰之恕之幸甚幸甚偶有猶子五月之喪踵門未敢切幾台察

與梁叔子

某辛卯七月初十日陛辭面奉聖訓令某進所解諸經至今年正月内已先次繕寫到周易禮記周禮春秋四經解了畢尋具奏取旨投進於三月三日准省劄三省同奉聖旨令某投進省循所自實出樞使大丞相陶右成就感恩荷德銘鏤肺肝竊惟漢韋賢唐楊綰鄭覃皆以大儒輔政崇雅斥浮鋭精經術措世於大安世稱賢良閣下致君堯舜豊功偉績固已上俾稷契至於崇雅斥浮鋭精經術視漢唐數子蓋不

足多道其平生區區之志遂伸豈惟僕之幸實斯文之幸天下萬世之幸

與虞幷甫

某嘗讀春秋傳見無禮於其君者如鷹鸇之逐鳥雀惟恐力之不贍某竊聞虜人日肆無禮有封豕長蛇薦食上國之漸雖傳聞未必是以愚料之亦似可信葢自去秋王龜齡物故國之老成一空又聞比日朝士引去者踵相躡殆非國之福也如此則虜人何憚而不肆自秦丞相沈丞相朱丞相湯丞相四公力主和議錢叅政王叅政撓而和之天下之人思食其肉惟公江上之役一戰而勝虜氣大沮天下之人有盡

公像而拜者公是以有今日之拜天意人心灼然可見三數年來生民之膏血竭矣國家之元氣耗矣至用楮以代錢更一二年和議不已愚恐赤子之不得乳其母也竊聞田夫野老之議皆云自秦太師講和民間一日不如一日屬人坐困中國之術所謂宴安酖毒無以易此不於明公當國之時早爲之所後害益深豈特赤子不得乳其母而已哉某向者受知門下亦有年矣平生周身之防初無遠慮屢遭射影之毒中以深文自非公扶持而全之豈有今日所以不

避斧鉞之誅□□及此以爲門下之報誅之恕之俯

伏俟命

與王嘉叟

某僻居深村距城四十餘里罕與便遭竿牘不到職

箋必蒙情恕春首便兵特枉誨槧勤勤懇懇備見誠

意自非不遺故舊何以得此佩刻風義曷日忘之同

舍文德望凜然知與時左然中外一致能與道進退

則江湖廊廟不爲二見所分此僕平昔得於魏老者

執事踐履不愆於素祇進其饜飫者僭越僭越某在

武林嘗見長令器承奉爽拔可喜今不知所報者爲誰後便望詳之叟與以理排遣如東門吳乃善者上方著意人物可不自愛重耶

與李文通

某恭以提宮朝請以淵源根柢之學懷彌綸經濟之道韜藏不試闡繹優游非舍安資深何以及此彼冀入子業一技游一藝已偃然有自矜之色書字未識偏旁清談稷契讀書未知句讀下視服鄭者往往而是執事乃能冲虛謙挹以能問於不能以多問於寡可以觀德矣文章政其餘事軒冕殆是倘來亦何足道小子泳因緣獲出門下朝夕親炙誨益恨得師之晚匆匆嵩謝不恪希炤

某請遠匆匆如許渴想德誼玩歲愒日便兵忽奉誨槧佩刻遐不謂矣之義何時可忘文通平昔以氣節自許牧民馭吏勿視時低昂乃能不墜素風杜犀之戒至矣用不用天也人其如天何僭越恃契敢爾

與邵都統

某皇恐前日急欲贊喜率然拜書初不知易君嘗冒犯鈞嚴以至於此罪不容誅然某竊聞藺將軍先國家之急而後私仇雍奴侯亦慕藺為國之義不報私仇執事平昔慨然有報國之志氣吞醜虜固不在藺將軍雍奴侯下屑屑私怨想不蒂芥於胸次其肯以海涵地負之量與匹夫較曲直哉聖上眷倚明公方將大用以一函夏願先國家之急以副聖天子之知以慰四海有識者之望此非僕一人之私言也

與藍守師稷

某伏見鄉中小童郭洵直穎脫不羣淹貫九經諸子等以應科目委得允當自非郡大尹樂育有方善誘不倦何以及之謹採之輿論仰凟高明伏乞台慈特賜收録某下情不任皇悚之至

與龔實之 四

某憶昨浙江亭執別忽三換年渴想德誼如懷古人使中特枉誨槧懇懇悃悃獵纓把玩恍若道山著作之庭合堂同席而坐親博約而耳笑談也莫子張子遽如許念之心折強者壯者且不可恃則衰且朽者能幾寒暑耶正言豈攬轡人然孟博之志亦可少逞主上畏天變惻怛之意形於訓辭宵衣求賢此其時矣尺五木自日邊而下頃刻以巽

某敬惟某官振職旄卬加以勤恤民隱而三代月十

二品之政至纖至悉罔不畢舉及物之惠殫千畝之筍不足以簡行遂由十連而進九職矣雖然十連九職一也十連職疏而外去民則近君子可以行政九職職親而內去君則近君子可以行道要之行政行道一也君子奚容心焉、出於正心誠意而已伏幸
台察

其悚仄疇昔輒以李童子系執事乃蒙賜之煩輔之嘘遂俾小子有造雖古賢太守以刀布遺博士成就學官童子何以加焉豈惟李氏子之榮哉甚休甚休

某側聞江西有萑蒲之警民之思參政者若周人之思召公焉某四十年前攝廬陵倅頗悉盜情大抵有二策張敞明設購賞開羣盜令相捕斬除罪吏道捕有功上名尚書調補縣令者數十人由是膠東渤海盜賊解散傳相捕斬國內遂平此一策也龔遂爲渤海太守謂宣帝曰民困於饑寒而吏不恤故盜弄兵於潢池今欲使臣勝之耶將安之也帝曰固欲安之耳遂移書勅屬縣悉罷逐捕吏諸持鉏鈎田器者皆爲民持兵者乃爲盜郡中翕然此又一策也竊聞遺

官軍掩襲行數千里冒大暑入不測彼以佚待勞我以勞擊佚勝負之理已較然矣勝之不武不勝則肝腦塗地故輒敢以前二策為參政言之十餘年來和議盈耳邊防一弛消兵之說勝州縣諱言兵寇入江西如入無人之境雅荷眷知敢并以告伏乞鈞炤

與吳明可三

某憶昨側聞去國竊意必爲朽拙所累已而果然汗浹背者久之敢謂包荒匿瑕尚不絶故人書非甚盛德安能及此昔徐晦送楊臨賀識者謂不負楊臨賀肯負國乎公之謂矣范蜀公客竄海上蜀公坐累罷然每歲必遣人至海上訪其死生某嘗謂今無古人乃得執事薄暮草草不恪希情炤

某自承從鎮隆興雖樂正子爲政喜而不寐未嘗褒朽之喜也某官固宜師保萬民光輔明主而越在南

服徒勞州縣而僕以爲喜無乃左乎此不知吾兄之用心者之見也若僕則深知吾兄之用心吾兄豈以內外二其心哉苟行其志身雖在外猶內也志苟不得行身雖在內猶外也此吾兄之用心故其來也僕以爲喜僕非私喜也爲斯民失職者喜也厥今斯民失職者何可徧舉略舉江西數州言之其爲民害者亦何可徧舉略舉一二甚者言之吏强民弱吏衆民寡吏黠民愚吏横民懦吏忍民順吏富民貧其强也衆也黠也横也忍也富也故吾得志其弱也寡也愚

也懦也順也貧也故嘗失職且如虜船之害下及漁戶水手之害下及老弱户長之害下及細民賊賍之害下及無辜榷酤之害下及村落征商之害下及漂母量苗之害下及窶户殆未易以毛數又如近年諸邑創置巡檢寨一事本爲防盜其害反甚於盜試舉徼里一處論之自隆興之初得旨創置劄下本州修葢寨屋今已數年而胥吏乞覓不肯葢造軍兵白占民屋居住鷄犬一空市井蕭然甚於被盜去年帥司行下令州縣具析且令日下葢造帥樞既去事復中

寢細民憔悴無訴未有甚於此者某坐視則不忍欲言則不敢倘不於吾兄撫字之時一吐其藴結斯無時矣未由侍對伏乞上爲眷隆倍護鼎第即膺大拜垂惠四海具瞻之切

某拜違台表忽忽許時渴仰道義之誨覿歲惕日自聞臨徂亟欲同周子充舍人扁舟少欵三席而潢池四起山陰清興遂墮渺瀰悵然惘然其濫叨除目高適所謂龍鍾還忝二千石者自非閣學同舍大嘘枯之力何以得此然憂患三十年垂老婚嫁煎逼豈復

有意於世而又數蹈禍機豈無楚人懲羹之念方且辭免倘得請婆娑泉石坐視兄整頓乾坤獲保首領於牖下不虛爲太平人矣有是福哉山寨自王宣子措置三千緡委簽廳請遂都稅戶修葺自有則例在案至葛守又委司理張廸功栻親椿管向來措置錢緣張廸功去官因循至今村民受害不少乃云土軍見在空寺院居人各安業别無妨擾豈爲民父母之言且如村寺破落官兵與僧徒雜處已是窄隘豈容百二十人土軍同居而云安業非愚則誣自置巡檢

以來土兵盡占民家兵民雜處白晝則掠奪薪米夜則潛出四剽兵官無由闌防百餘里間不得安枕置土軍本以防寇而害甚於寇爲民父母坐視不恤而云別無妨擾又大妄前帥樞密下公車令本州具析稽遲聖旨州縣駭汗逐急措置忽樞密公徙鎮胥輩爵躍樞密公有劄翰告別謏拜呈發一笑嘆

與蔣子禮

某嘗讀春秋晉侯享諸侯子産相鄭伯辭於享請免喪而後聽命時鄭有簡公之喪晉人許之禮也杜預云善晉人不奪孝子之情則知奪服爲非禮矣晉山濤釋喪服冕爲識禮者所嗤唐房玄齡褚遂良皆以宰相奪服崔善爲力詆其非是若乃灌夫之罵坐袁耼之呼盧李義甫之貪位殆又甚矣灌袁李不足道也玄齡遂良亦爲之乃知違禮奪情雖大賢有時乎不免閣下獨能迴瀾於既倒屹若砥柱當有如國僑

者大書特書以砭薄俗之膏肓此非僕一人之私言也仰瀆鈞嚴下誠不任皇悚之至

與錢處和

某向者重辱寵示傑作尤見眷予之意不彼朽拙使獲見古人之大全榮幸多矣竊嘗謂自古好學不厭雖身居相位而猶把書卷如漢韋氏父子魏弱翁唐燕許二公洎權相德輿國朝如王文正公晏元獻公皆至老不衰歐陽文忠公雖居政府猶夜分讀書作文近代學者一踏青雲便棄筆研況肯著書立言作冷淡生活乎觀文大叅方且紬石室之書汗氷窓之簡與寒士角苦雖古所謂十年戰氷蘗萬里濯寒江

殆不是過敢伏敬歎雪寒氷凍奏記不悋伏乞鈞炤

與曹彦廟彦若

某別德滋久渴想可量專人特枉誨槧累幅諄沓備詳久而敬之之意顧老朽曷以當之自非以仁存心以禮存心寗至是哉左右學畊之熟其田易耨文穫之富其廩益高世間倘來俱不足道彼富貴薰天吾何歉焉惟倍畜精神以固其本他日出應時須必不苟合僭越及之

與梁憲

某皇恐上稟某村居四十年無歲不有寇警自尊府閣學先生守贛時桴鼓日稀是時章貢諸邑行保伍法三人以上不得偕出境内有寇保伍坐之自此連數年無寇恙頃者興國宰劉子昂復推行閣學良法至今廬陵歌思比緣興國廢弛保伍法近日寧都之寇陳八瀨遂獻聚烏合百許人逃卒黥徒亦相挺而起數村遭屠戮不知其幾人婦女遭虜亦復稱是焚毁室廬者相望也而章貢諸邑宰晏然若越人視秦

人肥瘠也警捕之官以多爲少以有爲亡自古然矣區區之愚欲乞使司作體訪行下復推行閤學良法豈惟一路受賜將天下咸被其賜某更有管見竊見諸處粉壁如私茶鹽礬民不舉子之類皆一一揭示獨不及寇盜之害欲乞行下諸州應粉壁添入寇盜見行條法一節亦冀遂之用心民當受其賜某見數年來鄉村有疾半園屋之害輙布腹心葢恃眷契之私且厚不覺覼縷僭越僭越

與張守綿

某拜違台光忽逾旬浹渴德慕義無以爲諭某竊聞揭示道衢約束采捕羽族甚休甚休某輒有管見欲助仁政之萬一某側聞捕魚者有所謂闌江網其爲不仁甚矣夷攷經史百家之說取魚之具不過籗也箄也笱也簸也籆也筌也搽也罶也笭箵也罭也至於百囊罟極矣未聞闌江而取之也自大江以東距治下不啻數百里而遥魚之逃生者寡矣執事禁採羽毛之族雖三代之不探巢覆卵漢之胎養令茂以

加矣若推而廣之并禁闌江而漁則羽毛鱗介咸被其澤仁不亦廣矣乎唐姓李禁捕鯉嘗竊笑其不廣僭越及此不勝皇汗某昔嘗以此告經畧陳公晦叔想必識其人匆匆具禀幸恕率爾

與史丞相

某中昨嘗奏記職箋方懼獲簡倪之辜伏蒙鈞慈須賜翰札禮意鄭重仰認謙明某竊嘗謂作郡莫難於寬作相莫難於公惟有德者能以寬服人故寬難甄陶萬物本無心故公難昔有爲宰相而功名損於治郡者又有爲平原太守民未有聞及其爲相稱近古社稷臣者然則治郡相國固久難於兼善仰惟大丞相手握天下砥則與伊周比隆出膺方面寄則凌轢龔黄爲不足道元勲碩德景鑠鴻烈照映今古行遂

股肱元聖師保萬民尺箠以鞭赤眉盠其餘事上方
虛左以俟公歸輿論快然

與董子羽 二

其幼無似於世間伎倆自計落落不勘輙苦心積慮鋭意於及古而不得其門僅如墻面雖蹇産棧欝唇腐齒豁目劌心鉥胃掐腎擢劬筋瘁骨而僅得之者徃徃如捕風繫影鏤氷畫脂而弗濟於時用加以頌繫步春之餘廢棄之久颶霧楓鬼之交侵鱷水蛇山之積毒是以心志雕耗形神薾然朝夕不相及曾自謀之弗暇敢知其他執事家學淵源文媲游夏儒行敦朴德邁顔閔懷才抱器值兹穆清之朝上方側席

求賢若渴操觚濡毫草賓王之書上可以動無隄之輿談笑而獵卿相若少甲之而遺公子書亦不失萬一於富貴若都不可得猶將掉三寸舌取一障而乘之豈不綽有餘裕今乃騎窮相騾乘不華車袖漫刺作酸寒語踏藜藿之墟踁陋巷之門以相從道古今語成敗上不足以獵卿相次不足以饕富貴又其次不足以取一障而皇皇焉若有求而不得無乃左乎僕徐而思之知執事之意固有在也豈不曰僕嘗獲從執事之先君子游知執事之先君子爲深故樂與

僕交庶幾一聞先世之餘風餘烈以補家乘之闕以備太史氏觀采先世之餘事雖使僕如古賢喆抱道不試埋躍鏟采自藏寂寞之濱友魚蝦與蛭螾者遇執事之誠意悃悃猶當展盡底蘊自竭其愚以獻也若其其頑鈍齷齪亦何敢自外於門下哉顧區區之私技止此耳是以伏紙羅縷而祗益愧也以能問於不能以多問於寡有若無實若虛僕於執事亦云伏惟亮之

其近收令兄主簿奉議契友書盛暑尚未拜答重辱

誨塹愈覺慚汗然感慰不可言也比日歆艷甚似詩人如窑之嘆緬想華萼之集神之所護文候超勝前哲敦手足之重如常蘓州風雨對床之句坡老兄弟至死不忘近世士大夫不愧坡翁者屈指無幾惟伯仲素守家範雨夜蕭瑟之聽當視古無怍而両吹之美葢優爲之他不足道收汗作字不恪照恕乃荷

卷十四畢

胡澹庵先生文集卷之十五

宜川後學符乘龍斯萬　校閲

宋廬陵胡銓著　　鍾蘭映奎　紹虞膚文

嗣孫　　澐龍篆　廷棟騎屋

定静園　近仁元長　編輯

逄盛亮釆　值夏道院　永陽院背　仝訂

序

講筵禮序

臣聞君以禮爲重禮以分爲重分以名爲重名以器

爲重古之有天下者不患分不定不患名不正不患器不守而常患不能隆禮而已矣苟能隆禮則分也名也器也皆得其當而天下可運諸掌苟不隆禮則分也名也器也皆失其當而天下亂矣何謂禮曰上下之紀天地之經緯也而民實則之則天之明因地之性生其六氣用其五行氣爲五味發爲五色章爲五采淫則昏亂民失其性是故爲禮以奉之爲六擾五特三犧以奉五味爲九文六采五章以奉五色爲九歌八風七音六律以奉五聲爲君臣上下以則地

義爲夫婦内外以經二物爲父子兄弟姑姊甥舅婚姻以象天明爲政事庸力行務以從四時爲刑罰威獄使民畏忌以類其震耀殺戮爲溫慈惠和使民感激以效天之生殖長育是故審則宜類以制六志審行信令禍福賞罰以制死生乃能協於天地之經緯是以長久故趙簡子曰甚哉禮之大也晏子曰禮之可以爲國也久矣與天地並是不亦君以禮爲重乎何謂分君臣上下君子小人中國夷狄是也南蒯枚筮遇坤之比曰黄裳元吉子服惠伯謂上美爲元下

美則裳言上下之不可亂趙簡子問史墨季氏出君之罪史墨對以在易卦雷乘乾曰大壯言乾爲天子震爲諸侯而在乾上君臣易位大亂之道也司馬光說文王序易以乾坤爲首言君臣之位猶天地之不可易程頤易傳說坤六五臣居君位之象此皆嚴君臣上下之分也在易一陽之長雖甚微而聖人善之故一君子用而天下皆相賀一陰之生雖甚微而聖人畏之故一小人用而天下皆相弔此皆嚴君子小人之分也易以自我致戎爲戒而以三年克鬼方爲

憊言夷狄當外而不内賈誼以中國爲首夷狄爲足而以首反居下足顧居上爲亂亡之基此皆嚴中國夷狄之分也是不亦禮以分爲重乎何謂名爵號是也名近虛於教爲重利近實於數爲輕則名所以弼教也名位不愆爲民所信則名所以出信也名以弼教則教非名不立名以出信則信非名不行是不以分以名爲重乎何謂器車服是也器以藏禮則器者禮之所寓小人而乘君子之器盜斯奪之則器者君子之所乘昔仲叔于奚請繁纓以朝仲尼聞之曰惜

也不如多與之邑惟器與名不可以假人趙簡子問於史墨曰季氏出其君而民服焉而莫之或罪也史墨曰是以爲君謹器與名不可以假人是不亦名以器爲重乎謹按禮經篇目凡四十有九大抵不出此三者而已如天子七廟諸侯五天子祭天地諸侯祭社稷天子祭天下名山大川諸侯祭山川之在境者天子犆礿祫禘祫嘗祫烝諸侯礿則不禘禘則不嘗嘗則不烝烝則不礿天子社稷皆太牢諸侯少牢天子殺則弊太綏諸侯殺則弊小綏天子之田衆日月

諸侯法靁天子三公之田視公侯天子之卿大夫之田視伯子男之類此君臣上下之分也如君子中庸小人反中庸之類此君子小人之分也如千里之内曰甸千里之外曰流此中國夷狄之分也如次國之上卿位當大國之中中當其下下當其上大夫小國之上卿位當大國之下卿中當其上大夫下當其下大夫之類此名之别也如大路繁纓一就次路繁纓七就天子龍衮諸侯黼大夫黻士元衣纁裳天子之冕朱緑藻十有二旒諸侯九上大夫七下大夫五士

三之類此器之別也分也名也器也國之大體也臣
故曰上下之紀天地之經緯也仰惟陛下欽明文思
濬哲文明同乎堯舜固非謏聞淺學所能窺測至於
修五禮以覲諸侯典三禮以咨四岳亦駸駸乎唐虞
之盛矣然猶鋭意稽古禮文之事特降一札俾愚臣
常講戴禮一經豈徒欲玩夫三千三百之繁文伸其
呫嗶而已哉於曲禮見愛而知其惡憎而知其善之
義於檀弓見事君有犯無隱之義於王制見天子齋
戒受諫之義於月令見百工咸理無或作為淫巧以

蕩上心之義於文王世子見三公不必稱維其人之義於禮運見禹湯文武成王周公謹禮之義於禮器見忠信可以學禮之義於郊特牲見天子貴誠之義於内則見道合則服從不合則去之義於玉藻見天子搢挺方正於天下之義於明堂位見夷狄外而不内之義於大傳見舉賢使能之義於少儀見人臣有諫無訕之義於學記見三王四代惟其師之義於樂記見爲君謹其好惡之義於經解見發號出令而民說之義於哀公問見君爲正則百姓從令之義於仲

尼燕居見力禮樂而天下太平之義於孔子閒居見
王者奉三無私以勞天下之義於坊説見禮以坊德
之義於中庸見至誠配天之義於表記見大舜中心
安仁之義於緇衣見惡惡好賢之義於深衣見規矩
準繩之義於投壺見揖遜之義於儒行見崇儒重道
之義於大學見王道易易之義於射儀見擇士與祭
之義於燕禮見君臣上下之義於聘義見君臣相與
之義於冠婚喪祭之篇見養生送死追遠之義然則
聖學高妙誠非管窺蠡測所能彷彿其萬一夫豈涓

涘能有益於崇深乎而陛下親屈至尊孳孳聽納移日不厭眞得堯舜三王之用心臣昨蒙賜對便殿臣時論及武夫悍將宜令知禮以革暴習側聞玉音有及於惟禮可以已之之語臣退而書之竊謂晏嬰雖以此言告齊景而齊景終不能行陛下不惟聞而樂之又能舉以爲訓一言可以興邦陛下有焉臣愚願力行其說辨其分謹其名守其器勿輕以假人則社稷之福也孔子曰名器政之大節也若以假人與人政也政亡則國家從之弗可止也已仰瀆宸聽臣無

任隕越之至

周禮解序

臣聞六經之道同歸而二禮相爲表裏其來尚矣考王制而知六官之備考月令而知太史保章氏馮相氏之精考曾子問雜記及閒傳四制而知司服之等考文王世子而知大胥之教考禮運禮器而知大宗伯之位考郊特牲而知封人牧人牛人之分考內則而知師氏之制考玉藻而知典瑞之則考明堂位而知朝士司儀之列考大傳而知肆師之職考少儀而知巾車典路車人之別考學記而知大司樂成均之

法考樂記而知大胥小胥之律考大記而知勸防之嚴考祭法祭義祭統而知欝人鬯人典禮之經考經解而知太師六詩六德之本考哀公問昏義而知媒氏之源考仲尼燕居社郊嘗禘而知小宗伯之儀考孔子閒居五至之義而知樂師之意考坊記而知秋官環人之備考中庸而知大司徒中和之教考表記卜筮而知龜人筮人之敬考緇衣緜綸之言而知内史外史之書考深衣規矩準繩而知縫人之度考投壺之弦而知樂師貍首之奏考儒行而知司諫德行

道藝之尊考大學正心而知引人無刻之喻考冠義而知棄師之等考鄉飲而知酒正之法考射義而知司裘之鵠考燕義而知秋官諸子之職考聘義而知玉府之藏故曰二禮相爲表裏也前賢論學之源謂江出汶至於溝渠所并大川三百小川三千然後徃而與洞庭彭蠡同波下而與南溟北海同味又如禹治水知絡脉開塞而至於九川滌源四海會同者也竊謂大川小川之説生於曲禮三百威儀三千之義然二禮條分貫别亦豈止三百三千而巳哉而其旨

意脗合相爲表裏端若脉絡交通四海會同而不殊誠有味其言之也臣既爲易春秋禮記傳又覃思周官凡十有餘年僅成集解嘗以謂韓愈闢邪說欲尊六經而邪說卒不能革歐陽修欲删去九經緯書而異端故在臣之區區欲卒歐韓之業而學術膚淺志苦心勞徒益荒累終莫能揉順發潛重念昔之賢士伸於知已臣自癸未夏迄辛卯秋四時經筵屢蒙奬諭受知實深陛辭之日親承玉音令臣繕寫所解經進呈伏惟陛下天縱之資聖學高妙卓冠百王頃因

論治道有及於惟禮可以已之之說大哉王言非精於禮孰能與於斯顧臣糠粃曷補萬一殆如無榮所云者倘辱皇慈寬狂瞽之誅畧加睿覽則臣之志願畢矣

尹商老易解序

大道之行天下爲公其薦絀置舍不以新故遐邇蔕芥於胸次惟當其可焉耳士之睨播物者亦必睨其用心之公不公不以新故遐邇竊議乎巖廊之人也故播物者手握國砥直道而行進賢絀不肖泰然其不病乎士之議已也其爲士者砥礪操守介然其不疑於播物者之枉已也以故上下相安爲上不疑難而下無覬覦有如十六相焉登庸而弗忌有如四凶焉竄殛而弗顧而所謂十六相者亦曰上之用我也

公所謂四凶者亦曰上之罪我也直去古既邈公道自蓁上忌其下下疾視其上於是親親賢賢不遺故舊之義遂爲希闊事見所謂十六相者苟有一日雅則必曰吾故人也薦之得無雅故之嫌乎見所謂四凶者苟跡疏情邈則曰彼不吾親也斥之得無異已之嫌乎天下之所稱賢人君子焉者誦書排之擊之謗聞其名心非不知其非不若是非遠嫌也已上下交蒙寧怫心不怫於時寧違道不違於俗必若是乃合乎世之所謂名卿才大夫也寵乃可保祿乃可懷

位乃可固矣嗟夫後之有大物者何太多事哉播物者何其不公哉賢人君子何其常不得志而奸雄小人何其接迹騈肩於時也哉予嘗求其故而不得則曰時使然也予竊謂之不知言者夫所謂時者何耶人爲之耳非天之所爲也何謂人爲之葢其萌非一朝其蔓非一人其萌也由心之不誠其蔓也由已之不公自欺其心而謂舉世皆欺也其植根甚深其芟薙而蘊崇之也豈易哉非明乎善而剛於用心篤於守道望其拔乎流俗而悔前之爲不可得也嗚呼時

也者果天之所爲而非人爲之耶果不可易耶然則若吳興通守尹侯者其與時左者耶尹侯中進士第於政宣之間逮今四十年矣後出新進躐取卿相者踵相躡而尹侯官不偶朝之貴游當塗要官多其平生故人用是抑壓尹侯矯而跡之尹侯不歸訊於時而自反曰播物者何咎咎我之由則退而學易味於其所不味欣然有得則曰不事王侯高尚其事我未能也不見是而無悶我則行之於是予有爲之訓解予病今世人不得則戚戚以懟上舍已之沐猴而攻

人沐猴者皆非也若尹侯者仕如伏虎有二十四齟齬焉信與時左矣而不怨天尤人其不謂之君子人乎哉予以是知尹侯後日誠異乎俗之所謂名卿才大夫也蓋將與天下爲公者也予得序所解挂名經端自託不腐幸矣其又奚辭

李仲永易解序

孔子既沒易道微矣自漢魏迄今學易者不知幾人歐陽子獨稱王弼何也予嘗攷東坡横渠伊川學以求其説又嘗聞龜山文定紫巖寂照了翁漢上諸老先生謦欬然後知歐陽子之學葢本於弼夫易至漢分爲三田何也焦贛也費直也田氏始於子夏傳之孔子有上下二篇又有彖象繫辭文言下篇而説者自爲章句易之本經也凡學章句者皆祖焉焦氏無所師授自言得之隱者專於陰陽占筮之術歐陽子

謂不類聖人之經凡學陰陽占察者皆祖焉費氏無章句亦無師授顓以彖象文言雜解上下經凡以彖象文言雜入卦中者皆祖焉費氏初微至東京陳元鄭康成之徒皆學費氏而田學遂衰古十二篇遂亡其本弼注亦用彖象相雜之經自晉已後弼學獨行歐陽子凡說易必祖弼弼不解繫辭止解大衍四十有九歐陽子亦謂繫辭龐雜七八九六無老少乾坤無定策且曰易無王弼其淪於異端之說乎愚故謂歐陽子之學葢本於弼某故人番陽逍遥公李仲永

潛心易學術道甚嚴一旦夢弼而有得遂成一家之
書殆與歐陽子之意默契其門人府庠校正雲巖吳
君說之攟其樞要冠於篇首丐予正其說則曰就有
道而正焉某固辭不獲遂書其始末昔蜀人趙賓爲
易釋文受孟喜喜賓死喜因不遵師說及博士缺出衆
人薦喜漢帝聞喜改師法遂不用喜若說之可謂不
背本矣聖上銳精經術某頃侍邇英備員侍讀得旨
進六經解側聞不輟丙夜之觀倘逍遙之書達聖聽
說之當遂補博士缺矣孟喜有知得不泚其顙仲永

名椿年嘗直學士院云淳熙乙未

蕭先生春秋經辨序

左朝散郎試兵部尚書諸路軍事都督府參謀軍事呂祉奏准禮部牒檢尚書省黄牒三省同奉手詔朕以寡昧御艱難之統明不能燭德不能綏思聞讜言以輔不逮乃稽舊章設賢良方正之科而未有應令豈朕菲德不足以來四方之賢與抑搜揚之道有未至也朕既遭家不造煢煢在疚而天戒朕躬太陽有異氛氣四合朕甚懼焉中外侍從之臣其遵俞後詔書各舉能直言極諫之士一人朕將詳延於廷諏以

過失次第施行用承天意者臣伏覩左承直郎新改差判湖南路提點刑獄司幹辦公事胡某性行恬粹器識宏遠自少年登甲科屏居田里不願出仕日從鄉人蕭楚學春秋明易象博極羣書歷考前代治亂多識前言往行十餘年間所蓄頗富試而用之必有可觀伏望朝廷更賜審察使候勅旨五月二十八日三省同奉聖旨劄與呂祉依紹興元年九月十一日已降指揮具官胡某詞業繳進右劄付胡某蓋七年六月一日也某既進詞業即其日除樞密院編修官

於是先生没已數年其學始大行於世時宰相張忠獻公浚參知政事張公守陳公與義聞先生名皆願見其書而不可得後忠獻公得先生所著戰辨喟然歎謂某是可謂切中時病矣明年冬某以妄言不可與金和議觸宰相秦檜嗔罷編修官削爵竄嶺表凡八年而新州守張棣觀望廟堂意旨奏徙某朱崖島上又八年而内徙合江險阻艱難食有併日衣無禦冬而先生之書未嘗一日去手暇則教子且訓生徒各授一經朝夕肆業所得綴集成易禮記春秋傳又

覃思詩書周官凡十有七年而未能卒業然彭賁之說戠戠之文皆先生緒餘也某自癸未夏迄辛卯秋凡四入經筵咫尺天顏備顧問或及經學則謹對曰先生寶臣之師頃得旨進羣經傳玉旨丁寧有速寫進來之諭倘遂一經天目則先生之學皭然愈光豈特某得以追思遺老而已哉羅氏兄弟泳泌博學君子也欲鋟板以傳且乞予序所以固辭不可於是乎書乾道壬辰

洙泗文集序

江西李先之先生嘗爲其言伊川程養正先生讀春秋論語四十年不下案至深衣露兩肘其嘗志其語自忝竊以來垂兩星終未嘗一日廢書不觀頃位於朝以狂瞽獲譴遷新州居多暇晷妄意爲春秋易禮傳以卒舊學既又欲手抄論語終身誦之會漳人陳生允忠挾書一卷來謁目曰洙泗文集發視則皆集論語中語也閱之累日喟然歎曰五經之綰轄六藝之菁華萃於是矣爲削去其不合者權其至當而以

文漢隸寫之償所願也生之叙曰聖言不華自然成文某是書聖人心法在焉學者能如伊川先生真積力久味其言以契聖人之心則道可幾也獨文乎哉獨文乎哉紹興戊辰

活國本草序

漢元始五年徵天下通知逸經古記天文曆算鍾律小學史篇方術本草及以五經論語孝經爾雅教授者在所駕爲一封軺傳遣詣京至者數十人夫漢以本草與五經同科本草之重於世尚矣然人皆知醫之有本草而不知醫國之有本草也衡陽鄉貢進士劉君德澤明醫國之術嘗作忠本草以見遺其文典其事核蔚有古意惜其畧而未盡爲作活國本草以廣之而冠以序云紹興三十祀歲在上章執徐澹庵

老人胡棊

灞陵文集序

凡文皆生於不得已象無文感雷而生水無文因風而生象與水非有心於文也而極天下之至文天地亦然日月星辰山川草木充滿勃欝其文有不可掩者夫天地非有心於文也人之於文也亦然其歌也或欝之其詩也或感之其諷議箴諫譏刺規戒也或廹之凡欝於中而泄於外者皆有不得已焉者也得已而不已者非吾之所謂文也吾所謂文唐虞三代之文也唐虞之文若咎陶禹非有心於文也咎陶明

刑禹治水不得已而作也三代之文夏有洛汭之歌以太康而作也商有伊尹之訓以太甲而作也文王之演易以羑里而作也周公之誥以三監而作也是唐虞三代之文不得已而作也不得已若非有心於文者也而典謨訓誥爻象之文至今如天造地設不可企及者何也周衰孔子約魯史而作春秋非苟作也夷狄放肆亂臣賊子接迹而起聖人有憂之春秋不得已而作也孔子沒孟軻氏懼楊墨之害道七篇之書不得已而作也故其言曰予豈好辯哉予不得

已也屈原被放而離騷作荀卿逃讒而大論興左丘失明厥有國語孫子刖脚兵法修列不韋遷蜀世傳呂覽韓非囚秦説難孤憤馬遷蠶室史通是繹董仲舒劉向下獄當誅説苑新序繁露玉杯作焉賈生竄逐鵩乃有賦退之謫徙文祭於鱷柳宗元劉禹錫李白杜甫此數子者皆崎嶇戹塞而後溢爲詞章是皆有不能自已者向使咎陶不明刑禹不遭洪水五子無所怨伊尹無所訓文王無羑里之囚周公無三監之叛孔子無夷狄之憂孟氏無楊墨之懼屈原荀卿

下逮韓楊數君子者無放逐厄塞覊囚之思書皆不作矣然則其何以傳道而示後世哉曰書所以衛道而非所以傳道也書者道之文也韓愈原道曰其文則詩書易春秋是詩書易春秋道之文也而不可以謂之道況諸子百家之書而謂之道可乎道之傳以人而不以書也易曰神而明之存乎其人堯傳之舜舜傳之禹禹傳之湯湯傳之文武周公孔子孔子傳之孟軻軻之死不得其傳焉是傳道者以人不以書也孔子於詩蔽之以一言曰思無邪孟子於書之武

成止取二三策是聖賢蓋以心傳道而非專取於詩書之文辭而已也道苟得於心書雖不作可也文何有哉予頃得灞陵集故朝散郎大夫致仕秦公之所作也詩若文凡七百篇讀之踰月不厭其表奏書疏有閔時憂國之心其歌詩發於性而止於忠有少陵不忘君之思大抵多羈愁欝結感憤之所爲作也予然後廢卷而歎益知文之出於不得已也使出得時行道都喦廊而惠天下則斯文之不作可知也抑猶有可疑者崇政以還士風委靡以諛佞相長雄陳篇

希恩則歌咏太平如唐虞康衢之謡奏記乞憐則誦述功德有稷契復生之歎公獨落落與時左無一言取容當世益知公非特詩文出於不得已也其仕進亦有不得已焉者矣予然後又知公所得非特區區於詩文而已也公諱希甫字辨之灞陵人故集號灞陵云

葛聖功文集序

大抵兩漢文章若司馬子長楊子雲劉子政班孟堅張衡之徒率自離騷楚詞出靈均所著則曰離騷後之依放而作者則曰楚詞而離騷爲至韓退之評屈原有首軻雄之目柳宗元亦云參之離騷以致其幽誠爲篤論然未盡底藴何則離騷之藴十有九奇古辨怨閔澹潔雅雄深枯淡豊腴勁正忠直清指九天以爲正兮奇也帝高陽之苗裔兮古也就重華而敶詞辯也國蕪人莫我知兮怨也聊逍遥以相羊閔也

和諷度以自娱澹也朝濯髮乎洧盤潔也奏九歌而舞韶雅也飲予馬於咸池雄也何所獨無芳草兮深也登閬州而偞馬枯也結幽蘭以延竚淡也思九州之博大兮豊也兩美其必合兮腴也雖體解吾猶未變兮勁也彼尭舜之耿介兮正也阽予身而危死節兮忠也何桀紂之昌披兮直也朝飲木蘭之墜露兮清也楚詞清藴十有二險怪艱窘隱約徧悉巧譎豪放秉日月兮上征險也棄雞骸於箱麄怪也犯顔色而觸諫兮艱也執棠谿以剸蓬兮窘也筐澤寫以豹

鞹隱也願假簣以紓憂約也破荆和以繼築褊也孰契契而委棟慝也佌催倚於彌檻巧也同駑羸與桀駔譎也來撫枝於中州豪也律魁放乎山間放也此離騷楚詞之辨也要皆本乎幽憂而作故曰參之離騷以致其幽憂其不然乎廬陵孝友先生葛聖功其學淵源多根乎離經楚些而世之知之者鮮杜子美云君意人莫知人間夜寥閴有味其言之也雖然天下有道則行有枝葉天下無道則辭有枝葉載記尚矣行與文恒相須而行爲先韓子謂行以爲本文以

爲華言重本也四科之設顔閔德行游夏文學西漢四科德行則唐林文學則𫖯欽史家先卓行後文學而謚法亦以正惠冠文此誠聖門設科之本意然則先生之没門人以孝友易名其德行之卓卓亦豈專以文爲華哉先生之從孫㴵屬予爲集序顧予才非戛雅固辭久之而㴵請益力輙爲發離騷楚詞之藴以原其文之所由出而歸之於德行庶有益於後人夫聖門遠矣有志乎古者由先生而求焉西漢四科獨可及也已先生諱敏修字聖功乾道桑兆閹茂之

七月穀朔澹庵野叟胡某謹序

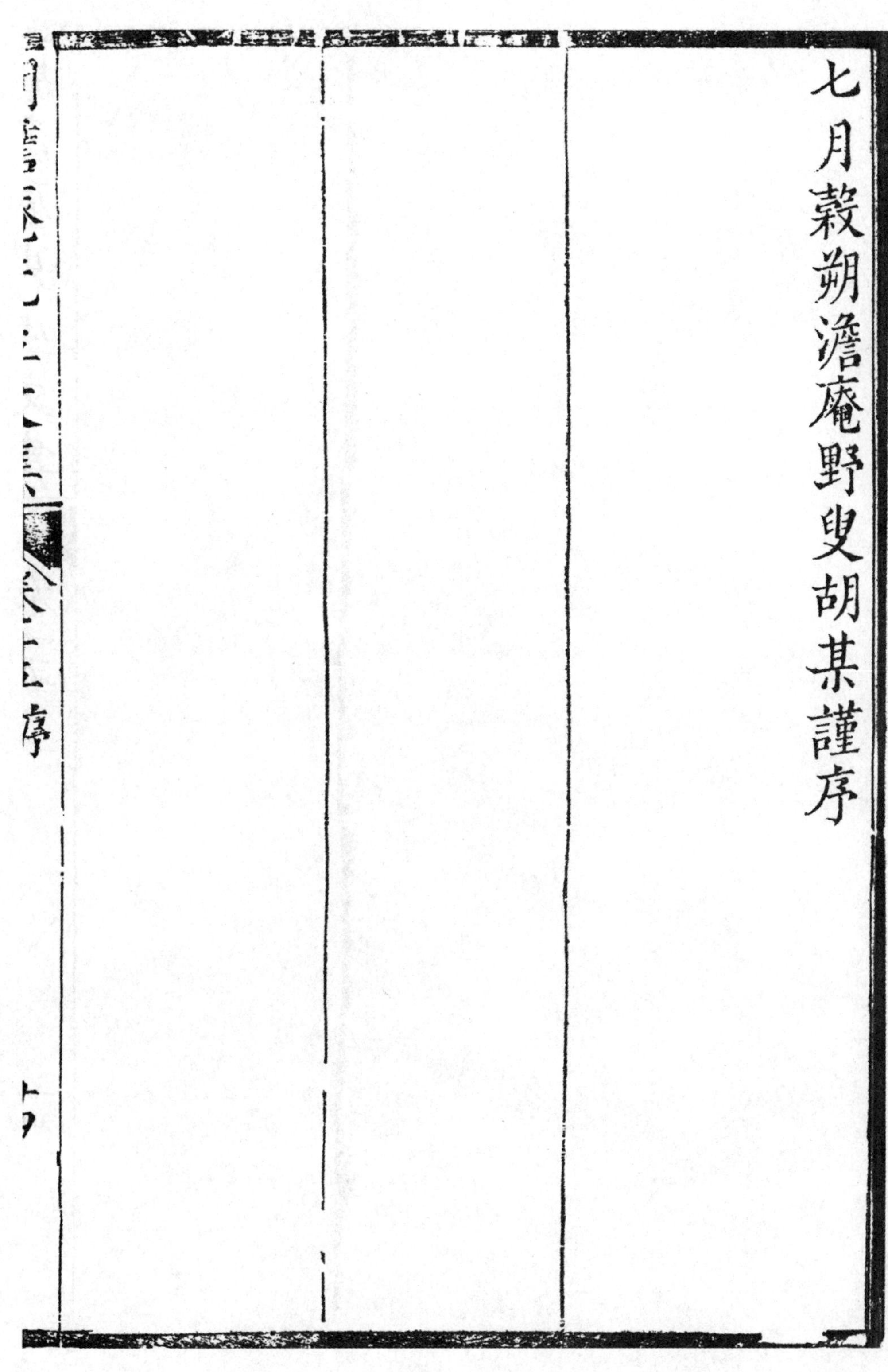

胡澹庵先生文集　卷十五

十四

李元直文集序

國風好色而不淫小雅怨誹而不亂若離騷者可謂兼之矣此淮南序楚辭之大畧也其言美矣然不及大雅與頌何也或曰大雅既明且哲以保其身自樊侯以來惟中立可以當之屈原諫不行懷沙自沉非明哲保身之道頌者美盛德之形容以其成功告於神明楚襄踈遠忠直椒蘭之讒屈原賢且忠以憂死懷襄卒以敗亡盛德成功安在哉予且以爲或者之言過矣夫中立與靈均孰優中立之功固多矣使靈

均諫行言聽其功亦豈出中立下哉中立晚節知昏君庸主不可與有爲浮沉泉石其視懷沙亦豈可優劣論哉而前哲斷然以明哲許之豈中立優於靈均耶不然謂靈均皭然與日月爭光其過言乎如離騷經淵源堯舜禹湯文武周公之道嘉橘頌典則淳深雖告神明可也韓愈論文章氣格以離騷首軻雄之目柳宗元自序爲文亦曰參之離騷以致其幽就令不得與清廟比獨不可比有駜泮宮也耶然則淮南之論不及大雅與頌其言疏矣嗚呼原乎不幸不生

於仲尼之前不見取於孔子而列於大雅與頌也是以後之爲楚辭學者莫不歎息於斯焉大府少卿李公好古博雅涉五經猶長於詩凡一文一贊一頌率於詩取之信手拈出渾然天成乾道乙酉提點刑獄江西丙戌冬出其編以示某且屬爲序獵纓把玩終日不能去手如郊祀慶成頌典則弘深奄有二雅三頌之美豈止兼國風小雅而已哉僕固願挂名集端以托不腐其又奚辭竊嘗考集句之所來近代如毅父之五侯鯖見稱於坡老王寅之十八拍見取於山

谷皆謂擬半山老人而作某獨以爲不然三雍宮詩有云習習祥風祁祁甘雨疑此即集句之始也然前哲或有鴻鵠偶家鷄之誚或有峰駝鷄豚拍之譏得非以其擇焉而不精與然則公之集也精矣可書也已公諱稙字元直丁亥上巳

僧祖信詩序

苟有以據而樂倚自得於心不假少鑠則德全而神王雖復却萬方陳乎前不得入其舍聖人之於道賢之於學郢之斲王爾之土堊之技許少之琢東海黄公之幻都盧之緣秦清之歌巴渝之舞成公綏之嘯瓠巴之瑟季良之笛伯牙之琴漸離之筑谷子雲之札史籀之篆邈之隸李斯之八分公孫之劍白堕之酒季疵之荈逢門之射郵無恤之御秦成之力孟獲之勇嗜之沒齒不斁非由外鑠夫外鑠易業者皆足

不涉藩指不染禺者也少陵杜甫耽作詩不事他業諷刺譏議詆訶箴規姍罵比興賦頌感慨忿懥恐懼好樂憂患怨懟凌遽悲歌喜怒哀樂怡愉閑適凡感於中一於詩發之仰觀天宇之大俯察品彙之盛見日星霜露豊隆列缺屏翳沆瀣烟雲之變滅雲岩邃谷悲泉哀壑深山大澤龍蛇之所宮茂林修竹翠篠碧梧鸞鵠之所家天地之間詼詭譎怪苟可以動物悟人者舉萃於詩故甫之詩短章大篇紆餘妍而卓犖傑筆端若有鬼神不可致詰後之議者至謂書至

於顔畫至於吳詩至於甫極矣今信師之詩有甫之淵源哉不得其淵源而涉其流未可與至甫也工學甫者善否必燭無爽秋毫機應於心失得交關於前茫乎若迷於是乎一斷於詩而後甫可希也信師桑門氏解天弢脫世梏是其方寸澹乎深淵之靚其在大塊泛乎若不維之舟況與淡值寂無所著無聊不平一吐胸奇句句如洗出無一塵染豈非得於心者本無垢乎其視甫也奚惡然桑門法以言華語綺爲口業彼葢謂進乎技而不進乎道也若信者其技道

兩進而沉冥自晦者與不然何舉世無一人知信哉

紹興戊寅日南至

卷十五畢

胡澹庵先生文集卷十六

宜川後學符秉龍斯萬　校閱

宋廬陵胡銓著　鍾蘭映奎　紹虞膺文

雲龍篆　廷棟騎屋

嗣孫　定靜園　近仁元長　編輯

逢盛亮采　值夏道院　永陽院背　仝訂

序

送彭子從赴召序

湖與嶺壤土相接皆古荊蠻地嶺有五大庾始安臨

賀桂陽揭陽其三在廣之東其二在西自漢抵唐州凡七十其三十二隸番禺曰東廣其餘分五管曰西廣五管惟桂管最大其地望不減番禺而疆里廣袤過之管亦曰府府有連帥謂之經畧以統理四十餘州之政又有部使者一以覘一路之貪沓不職者而風憲之臺尤重隸臺之州遠者至三千里又其遠者自徐聞渡大海千里而遥又遠者自儋耳渡大海又千里而遥盛夏奉詔决獄必窮歷四十餘州彌望黄茅白葦鱷水蛇山鯨波颶霧寄命於一葉萬仞不測

中閲半歳始克徧雖六月渡瀘深入不毛未足以喻其行役之苦而懸渡身熱頭疼之阪又不足以擬其艱且險也一不幸爲瘴癘所薄朝病夕斃至盡室爲鬼録無一脱者言之使人酸辛欲眉凄然變色其海外州如定南萬安昌化寧遠相距千里四山環一大島而百洞蟠於其間其人卷䴕舌椎髻雕題左衽與吾民錯處平居機毒矢彀黄間隂拱以觀釁制馭一失則相挺而起如猱雜蝟奮百洞相應和官軍至則乘風潮走舸出没島嶼濁浪蹙天無有畔岸而邉海

郡縣訌潰不可提遏閩商粵賈舶交其中倚聲勢爲亂者往往而是又其外若番國占城眞臘交趾扶南咤婆大食倭國波斯緑揚躭羅浮亶干陁利之屬以百數交趾漢始通而夷亶自三國黄龍年方内屬其地東南極天中國舶賈十易舟閲三數歲始克至蠻夷悍輕難控撫惟吏廉官清則不約而服若部使者振職姦吏屏跡威稜殫乎遐徼而德化行乎殊俗則百蠻向風無𠥥脱風塵之警若夫湖湘則異矣無瘴癘之毒無嶺海之險無蛟鱷吞舟之鯨其民亦無

甚嚚而不可草者獨闇故老語惟桀黠吏甚可畏非他路比地雖無嶺海之險而吏險有甚於嶺海者雖無蛟鱷吞舟之鯨而吏爲民害有甚於蛟鱷吞舟之鯨者雖無瘴癘之毒而吏賊殺不辜有甚於瘴癘者故選憲尤邁於他路紹興戊寅三月以右朝請大夫廣南西路提點刑獄公事廬陵彭公來蒞其職公嘗爲清江太守又嘗刺零陵允有惠政戢吏字民民思之至今未已其在零陵當湖嶺之衝目濡耳染湖嶺之俗爲熟故其總風憲於兩路悉有能名蹈蛟鱷瘴

癘之鄉而蛟鱷瘴癘不能爲吾病處黠吏縱橫之淵藪而黠吏不能爲民害去而兩路之人思之如懷慈父母焉豈所謂在彼無惡在此無射者耶雖然公平生忠信孝友游庠序則學問文雅與寒士爭衡處鄉里則閔鰥卹孤而遠近歸仁焉其至誠爲善根於天性則其發於政術章章如此蓋亦有所本矣上方宵旰渴賢詔公來歸夫豈徒哧諂言釣虛聲哉冀聞嘉猷以撥亂而反之正也公之應詔而行夫豈徒爲身榮苟求進哉欲行其道以致君而澤民也誠如是上

真能爲天下得人公真能不負天下之望矣夫豈特慰湖嶺兩路之思而已乎其辱公之知爲舊嘉是行之有光於吾黨也是爲序以識別

送范至能使金序

紹興戊辰太常少卿方庭頊使北虜展陵寢先是諸陵皆遭發哲宗皇帝至暴骨庭頊解衣裹之惟昭陵如故庭頊歸奏太上皇帝涕下霑襟悲動左右故相大憝劾庭頊奉使無狀請竄斥有旨除廣東提刑到官不踰月以瘴死自是出疆者不敢復言陵寢矣隆興改元冬某被召賜對首及庭頊語上大感悟奮然有恢復意亟議遣使問發陵之故會時相方主和議而止然側聞至尊割心嘗胆志未嘗一日不馳於伊

吾之比也乾道庚寅夏五月某以温陵守奏事上喟然曰朕復仇雪耻此志決矣某奏云陛下此舉已遲上默然及是詔丞相選才識有經學通達國體者一人持節以往以申請陵之思由是范侯成大自起居郎兼侍讀資政殿學士往使某曰昔班定遠歎不得生入玉門關李太白入蜀作蜀道難其詞云蜀道之難難於上青天自今觀之玉門在酒泉郡之西距中原未遠也蜀道唐之内郡而二子已愁蹙若不堪其憂況使絶域邈在萬里外道阻且長不啻身熱頭痛

之阪斧氷作縻之境而又有羊腸司宫之憂子木中甲之虞而一切不顧談笑噉車雖古烈丈夫其能遠過也哉然見士不通達國體何補於時序以識别且以見宰相之知人云

送葉祖道序

曹氏父子横槊賦詩，東坡曰：「此可喜耳。」鳳翔軍帥書奏讀不識句，昌黎野之，彼皆武夫也。學與不學，乃爾相遠，學之不可已如是。沭人葉詢官亦武也，家又世武職也，故宜有背拖氣，乃獨洒然不以橐鞬狗馬挂意，而瘏嗜書，自言家藏萬卷，盤誥莊騷，墨兵盪者，雜然滿家，下逮虞初，雋永，猪鸞鷄肋之說，纖悉不遺，雖千牛腰萬象齒，不足以擬其巨麗，而又能畋漁其中，輿篇隱緩，件舉條列，了辨如響。此雖未足以方駕横

絜之高風其視鳳翔軍酋亦可以豪矣然而困且死人無知者是又未可曉也於其行也序以識別使後來者知收書之難而有書不讀者爲可惜也

送顧都監序

昔郭細侯拜并州刺史行部河東數小兒各騎竹馬拜迎郭元振拜并州都督神龍初遷安西大都護睿宗立召爲太僕雄旌節下玉門關去涼州猶八百里城中爭具壺漿歡迎韋景駿神龍中爲肥鄉令徙爲貴鄉後數年爲趙州長史道出肥鄉民爭進牛酒迎犒有小兒亦在中二史傳其事以爲循吏千古人膾炙如不可及海南水陸巡檢顧侯章文緯嘗駐劄崖州近自儋沿檄至崖崖之人識不識扶老携幼以迎

者塞路雖兒童走卒林蠻洞蜑島夷卉服之人皆曰此吾顔巡檢也世常説今無古人今顔與帝郭人品雖若懸絶其得人心何異哉雖然郭刺史與郭都督帝爲令其恩足以及人又方行部河東都護安西而長史趙州也則其威稜足以肅物故人之從之也輕今文締一簪氏耳恩與威安施焉而得人心如此亦必有由矣故嘗謂智可以裕天地不可以欺豚魚力可以得天下不可以得匹夫匹婦之心孔子曰治國者不可侮於鰥寡而況於士民乎故得百姓之歡心

治家者不可失於臣妾而況於妻子乎故得人之歡心孟子亦曰身不行道不行於妻子使人不以道不能行於妻子夫臣妾妻子至近而易得也然身不行道則不能行於閨門而古之人至使八百里之遠壺漿爭迎非有道而能若是乎若文綿者是亦庶幾矣可嘉也世之爲政者聞顧之風獨不少知愧乎其最故故祖以酒序以識别

胡澹庵先生文集　卷十六

送施峻序

欝林施峻從予授戴記於烏上三年至雜記其父護戎官滿而去予勉之曰記凡四十九篇爲二十卷雜記則過大半矣古人云行百里者半九十里言晚節末路之難也學亦猶是今之學者讀書未卒二典讀詩未卒二南已易業讀他書猶行百里至十里而止也予能讀禮過半勤亦至矣若不能卒業至雜記而止則前功皆廢猶行百里至六七十里而止也以六七十里矣十里則何如是亦止耳予其勉之不及百

里勿自畫也雖然他日破萬卷書由此始矣老聃云千里之行始於足下非特千里也行而不止萬里亦何遠哉𢈔生日讀千餘言不休使得賢師友而加勉焉其可量也耶故於其行序以識别不以美而以規

送彭叔夏序

孔子曰子生三年然後免於父母之懷喪必三年人道之至文也禮親始死笄纚徒跣扱上衽交手撫心哭惻怛之心痛疾之意傷腎乾肝焦肺水漿不入口三日不舉火故鄰里爲之舉火糜粥以飲食之三日而飲食粥踰月而塟成壙而歸不敢入處室居於中門之外哀親之在外也寢苫枕塊哀親之在土也哭泣無時服勤三年思慕之不觧也是故斬衰貌若苴齊衰貌若枲庶人面垢此哀之發於容體者斬衰三

升齊衰四升五升六升斬衰二升既虞卒哭受以成布七升冠八升去麻服葛葛帶三重朞而小祥練冠縓緣要絰不除此哀之發於衣服者斬衰三日不食齊衰二日不食斬衰既殯食粥朝一溢米暮一溢米齊衰之喪疏食飲水父母之喪既虞卒哭疏食飲水不食菜果期而小祥食菜果又期而大祥有醯醬中月而禫禫而飲醴酒始飲酒者先飲醴酒始食肉者先食乾肉此哀之發於飲食者父母之喪居倚廬不脫絰帶齊衰居堊室斬衰既虞卒哭柱楣翦屏芐翦

不納期而小祥居堊室寢有席又期而大祥居復寢中月而禫禫而牀此哀之發於居處者斬衰之哭若往而不返齊衰之哭若往而反動尸舉柩哭踊無數惻怛之心痛疾之意悲哀志懣氣盛故袒而踊之悲哀痛疾之至也送形而往迎精而返求而無所得之也入門而弗見也上堂又弗見也入室又弗見也亡矣喪矣不可復見矣故哭泣辟踊盡哀而止此哀之發於聲音者斬衰唯而不對齊衰對而不言故喪服四制云三年不言而孝經亦云言不文痛在心也此

哀之發於言語者免喪之外行於道路見似目瞿聞名心瞿弔死而問疾顏色戚容必有以異於人也此哀之發於動作者夫人子居父母之喪其容體衣服飲食居處聲音言語動作無所不用其哀如此今安成彭侯叔夏其容體衣服飲食居處聲音言語動作若不得盡其哀而皇皇焉有求而弗得者何耶豈亦有甚不得已而出以有求於人也耶彭侯曰然吾居親喪豈得已而不已者吾聞隣邑有賢大夫曰侯公仁人也能惡人之惡而憂人之憂吾將謁焉以紓吾

之憂且悬也吾得已哉吾得顧吾之容體衣服飲食居處聲音言語動作之違禮也哉雖然吾倘得所求送死無憾然後退就堊室如汝南之人追行喪服以補前行之惡豈不可也公其爲吾書之以爲吾先容焉其曰諾於是乎序以識别

胡澹庵先生文集　卷十

三

送常生序

西昌常生躋予門言曰吾聞長沙樞密大資劉公仁義人也吾將謁之且觀道德於前後聽教誨於左右如退之所云者第無因至前君盍一言以爲先容其曰隆興之初劉公以中書舍人直玉堂時金公彥衡陳公宗卿錢公元英迭爲鎖闥其與王公龜齡同爲水官立螭蚴亡幾何彥衡宗卿相繼引去龜齡遷南林惟元英及某與公處纔踰月某冒居西掖遂與公同省朝夕親炙謦欬聞而樂之者亦已多矣公俄以

直道去國元英以憂去某斥爲宗正少卿而馬公德駿何公德輔繼來不十餘年間彦衡宗卿元英龜齡德輔踵相躡爲鬼録公獨無恙得非天將降大任於公扶持而安全之耶雖然公嘗位元樞不能使其身一日安於朝廷之上而東西北南幾老於行天意果安在哉於常生之行喟然有感故書兩省舊事以遺之常生至長沙或辱與進出以示公想亦爲之撫然

彭楩作室序

堂室之制尚矣古者先王未有宫室冬則居營窟夏則居橧巢後聖有作然後以爲宫室牖戶故立酒在室醴醆在戶齊醍在堂君在阼夫人在房古之堂今之廳也牖戶在其後牖西戶東室在其北房在室東此堂室之大凡也東西廂曰序所謂叙别内外西南隅曰奥所謂居不主奥西北隅曰屋漏所謂徹西北扉新東北隅曰宧東南隅曰窔皆言隱闇所謂歸室聚窔此指堂室中之處也大樑曰宗棟曰桷榱曰欂

楶曰櫨梲曰侏儒樞曰根門橛曰闑扊扅曰扂棖曰楔此所謂大木爲杗細木爲桷薄櫨侏儒椳闑扂楔者也又如在墻曰楎所謂矢之楎椸扉曰闔所謂以枚數闔巷門曰閎所謂盟諸僖閎門曰胥閭所謂倚胥閭而語户根曰切所謂切皆銅沓冒棟曰甍所謂援廟桷動於甍曲枅曰欒所謂欒櫨疊施屋翼曰榮所謂升自東榮然則其制嚴矣室寧可苟作耶同郡彭君楩貧甚原憲破屋來風敗壁剝月殆似蓽門圭竇之人甕牖繩樞之子喟然歎息欲新其室而未能

書此以遺之且以補釋宮之缺

贈王復山人序

紹興戊午冬予以言事狂瞽竄昭州詔諭天下有閔茲淺慮告爾多方無或胥動浮言庶成可久可大計之語九年春正月詔至江西先兄讀詔憂懼不知所爲時里中小人幸災者妄相傳以爲某獲譴死矣五行家者流咸謂某運命應死獨安成王君道斷然曰是五行異日當作太平宰相言死妄也乃揭榜通衢力排衆説人皆笑其狂先是右相秦檜叅政孫近厭中侍御史鄭剛中諫議大夫李誼給事中勾龍如淵

各執韋引救上稍霽威特免昭州之徙及是其還自
武林合郡驚呼相賀向言死者始大愧謂王君術數
如神十一年秋御史中丞羅汝楫請投其嶺表以阿
時宰遂得超遷十九年春新興張棣亦覬望權勢乞
窮其海外棣即日持節潮州是時王鉄經畧番陽呂
愿中經畧桂林皆望風捃摭其以為奇貨與棣相應
和於是潮守徐荣劾丞相趙公鼎潭帥劉昉陰中丞
相張公浚侍郎胡公寅儋守李望發參政李公光春
陵守田如鼇劾樞密王公庶趙不棄宕樞密鄭公剛

中海内風靡爭欲羅拜秦門以取寵自朝廷至山林之士交口吹嘘權門如烈火勢焰可炙而告奸羅織之獄興矣初某之南遷登聞鼓院陳剛中以啟送行得罪死荒遠天下以言爲諱繼而瀘溪王公民瞻以詩送行其畧云癡兒不了官中事男子要爲天下奇而安成凶人嘯羣不逞訐其語以爲訕民瞻坐獄欲救根樹而太守吳溫彦運使休大聲提刑李芝贛守曾慥不究切之洪帥沈昭遠白發其事繼踵罷斥小人軒然得志書生舉子對策獻記遂有一德大臣之

謟徃徃獵高科取美官至叛經旨以齊威晉文爲聖筆所褒阿附時議淊淊者皆是也惟王君確守前説屹若横流之砥可謂難矣及是秦檜死聖上大沛不次之恩起逐客於嶺海向之謳歌秦氏者消縮沮喪於是王君之術益章予既從衡道江西王君謁予於滄江之上酌酒大言曰太平宰相出矣予笑曰自古宰相有三概有真宰相稷契是也有伴食宰相盧懷慎之徒也有山中宰相陶弘景是也真宰相則吾豈敢若伴食則予耻爲之林棲谷隱爲山中宰相不亦

善乎王君曰燕公有云宰相時來則爲予何言之覺耶予曰唯唯否否遂序以識丁丑七夕前二日

贈寫真劉琮序

盡莫難於寫真非寫形似之難寫心之精微爲難也葢君子小人貌或類而心不同寫其形似而不得其心之精微或以小人爲君子未見其能寫也今夫世俗之所謂骨相之至貴者宜莫如秀色重瞳龍顏鳳姿日角也然堯秀眉魯僖馬卿亦秀眉舜重瞳子項羽朱友敬亦重瞳子漢高龍顏稽叔夜亦龍顏世祖日角唐高祖亦日角文帝鳳姿李相國亦鳳姿然則魯僖沐猴可以比堯舜而稽李可以擬漢祖唐宗乎

世俗之所謂骨相之至惡者宜莫如虎狼蒙魌鳶肩之相也然尼父面如蒙魌陽貨亦如蒙魌竇將軍鳶肩馬賓亦鳶肩楊食我熊虎之狀班定遠則燕頷虎頭司馬懿狼顧而周嵩狼抗然則虎何以比尼父而憲之不臣可以比賓王之忠食我之惡可以擬定遠之勳乎故曰君子小人貌或似爲心不同寫其形而不得其心之精微或以小人爲君子未見其能寫也鄉老劉琮慶先天機精到得金粟影筆法恨世無褒鄂之毛骨以發其奇逢佳士或尋常人質鬼貌藍㠊

頫折額時一弄翰曲盡形似之妙雖君子小人骨相或同間不容髮而其心判然自殊如涇渭之不相亂老杜所謂乃知畫師妙工刮造化窟者其在斯人與雖然何獨畫哉自古取其形似而不研其心至以優旃爲孫叔敖以虎賁爲蔡中郎以成方遂爲戾公子以蕭至忠爲源乾曜以楊國忠爲裴寬者多矣其禍可勝言哉予於劉生竊有所感故序以識別

贈相士聶生序

有術家者流聶生挾其術過予誇曰古稱唐舉善相人吾術當得唐舉作衙官予戲之曰昔相士言楊氏當大貴已而果然不三十年楊之族屬盡殘栁宜城或言兒相夭其壽請易業可免卒不許後竟爲貞元名臣予謂楊氏果貴耶栁氏果賤耶黙然久之笑曰此亦未易曉也予曰訂諸非相篇

胡澹庵先生文集卷十六　　十二

贈李杞序

李姓出自嬴氏自顓帝四世皋陶庭堅爲堯大理其後歷虞夏商世爲大理以官命族爲理氏至理徵爲翼報中吳伯以直不容於時得罪以死其妻子逃難於伊侯之墟食木子得全遂改理爲李至十世孫耳字聃周平王時爲太史郭景淳云老聃生而指李樹爲姓據唐史理徵妻子食木子而改姓李而郭景淳乃云老聃生而指李樹爲姓今人多從郭說若以指李爲姓爲是則自老聃始姓李矣若以食李改姓爲

是則郭說爲誕予謂二說皆可疑予聞古字多假借左氏行理多作行李史記天官書熒惑爲理亦作李則李與理古人通用疑理徵之妻避難因改理爲李耳不必食木子乃改姓也故管子法法篇云臯陶爲理亦作李然則李出於理章章矣若謂因食李爲李得姓則明皇禁捕鯉又可姓鯉乎開封李杞國才紹興辛未予始識之崖州愿而有禮别五年復來而予尚滯留貶所也又獲與之周旋一日忽告行且乞文爲别因書以贈

兼美兄五孫字序

予兄教授二子曰昌言昌明五孫皆昌言子也未名以屬予予謂昌日光也昌之子宜以日名故命其長曰曅次曰昂曰暠曰昪曰晏而因以字之日之華藻萬物在易爲賁故字曅曰賁卿而戒之以上九白賁無咎夫上賁之極曅之盛也不根於中如冠玉耳中未必有也故戒以白賁曰白尚質也昂舉也凡舉莫若鉉之舉鼎故字昂曰鼎卿而戒以上九玉鉉在上剛柔節也剛而温者玉也九雖陽剛而居陰履柔剛

柔適宜吉无不利如日之昴霄明何加焉曰火高則山火山上有火在易爲旅故字暠曰旅卿而戒之曰六五射雉一矢亡終以譽命夫離爲雉文明之物也射雉謂取則於文明之道而必合焉不中不發尚志如此猶火之行山其孰禦之日之升也爲明出地上有晉之象故字昪曰晉卿而戒之曰初六罔孚裕无咎夫六居於下而始進焉上未必孚也不能安正守中而速於求售非汲汲以失守則悻悻以傷於義矣皆咎也惟裕則无咎故君子於進退或久或速如日

之階乎天未嘗不裕也日之晏温有文明安説之象文明以悦在易爲革故字晏曰草卿而戒以初九鞏用黄牛之革夫初以才則離體而陽也離性而上陽體健皆速於咎動或乘之惟以中順自固乃可以保文明安悦之道賁也咼也旅也晋也革也皆主乎離離爲日故以配焉諸卦皆六五爲君旅則失位不取君義故論文與諸卦異易之道微矣

胡澹庵先生文集　卷十六　十五

賡伯虎字序

世本及帝王世紀左氏春秋悉稱高莘氏有才子八人伯奮仲堪叔獻季仲伯虎仲熊叔豹季貍忠肅共懿宣慈和惠天下之民謂之八元舜舉八元使布五教於四方父義母慈兄友弟恭子孝内平外成此即書所云稷契朱虎熊羆之倫也清江賡君名伯虎字次元慕八元之爲人也傳曰言合稷契謂之忠杜子美云許身一何愚竊比稷與契蓋古人必以稷契自處君之慕八元不爲過矣雖然慕其名不若既其實

他日必能致君堯舜上再使風俗淳以踐八元之寔乃無愧古人故稷契非自謂之元也天下之民謂之八元也君之慕八元必天下之人謂之次元可也

王悰字序

開封王悰生長富貴之家無富貴氣爲人誠實不妄予字之曰公實悰情也情則實古人云上好信則民莫敢不用情又云自吾毋而不用吾情則何所用其情又云小大之獄雖不能察必以情葢情常與實對故曰過情之譽暴集無實之毁隨至惟君子終身用其情小人則終身不情若曹操平生奸僞死見真情是也不情未有不暴露者也公實勉之公實今爲成忠節衛化州巡轄馬鋪充瓊州澄邁縣覆實經界官

予自新再遷珠崖識之海康知其爲人故序其字

邱氏四子字序

儒行云今世行之後世以爲楷夫學者能爲世矜式必有道元禮所以模楷多士豈苟然也哉若夫盌脫無模先儒蘄之字世楷曰伯模易大傳云範天地而備其理學者於道亦然字世範曰仲圍大匠誨人必以規矩學者亦必以規矩至於步趨進退亦無所不用其至乃可謂善學玉藻云周旋中規折還中矩字世規曰叔周字世矩曰季折

棊氏三字序

堣平也詩曰堣壇鹿場堣之字曰平伯埏地之八際也司馬相如封禪書云上暢九垓下泝九埏埏之字曰際仲叡智也書曰叡作聖叡之字曰智叔

羅泌字序

予友羅長卿名子曰泌而字曰必大走書崖州乞予說以識之予謂古人名泌者多矣予所謂必大云者爲李泌乎爲栁泌乎未知所以命子若辱貺鄙人則願以希李爲請不然非僕之所敢知

曾氏三子字序

太史公曰仲尼講道於洙泗之上洙之字曰伯講曾晳浴乎沂風乎舞雩詠而歸沂之字曰叔詠賈生云澹乎若深囦之靚澹之字曰季靚

陳氏二子字序

陳氏二子長曰治安次曰治平安必若泰山安字曰伯山平莫若砥平字曰仲砥治安今爲海康鄉貢進士予比歸送予至遂溪縣感其兄弟遠出之意書以遺之

鮮于⿲王車王字序

鮮于生乞名於予爲名之曰⿲王車王（扶服反）後漢張平子東京賦云⿲王車王弩重旃朱毛青屋呂翰云車上飾許慎云車笭間皮篋古者使奉玉所以盛之故⿲王車王之字曰奉玉記曰君子於玉比德焉君子愛其身猶玉也奉以周旋敢失墜乎

季懷姪三子乞名序

季懷姪三男子乞名予嘗學春秋而以春秋名之長曰柯次曰柲次曰桷以無忘春秋云耳

黎拱二子字序

長曰璧取拱璧之義次曰梓取拱梓之義古者父子之名法五行生尅璧梓皆生於拱故云

姪孫普字序

善之字曰同卿在易乾之九二曰見龍在田德施普也九二變爲同人故字曰同卿小字曰于野云

卷十六畢

胡澹庵先生文集卷之十七

宜川後學符乘龍斯萬　校閱

宋廬陵胡銓著

鍾蘭映奎　紹虞賡文

澐龍篆　廷棟騎屋

嗣孫　定靜園　近仁元長　編輯

逢盛亮釆　值夏道院　永陽院背　仝訂

記

洞巖講坐記

上踐祚之四年知元元疾苦狀擇良吏惟艱太守徐

公以德選來牧廬陵以理待荒政事暇按視往牒見古所謂洞巖觀者喟然曰天下聞山也在祀典甚重當付一佳士得玉笥莊君昭林莊益汴都重華講師也至則大革宿蠹觀且理乃正尚席以講進其徒撾鼓登座大言曰鼠輩倚席不談道久矣爲若等說最上乘自吾爲此山知大亂之易理也往時隤垣波委敗壁月剥壇羅崩榛階鬬鼯鼪白晝狐嗥鬼哭譬若蕪城廢邑得饞守令敗天子格法一切埃茀甚則灌莽翳山積垢塞泉如古明君爲陰邪小人所蔽而諫

口室不逹又其髮以冠者若而人皆旦至暮去視如駉石徑荒涼林慚澗愧徃徃偷兒傖父旁午其中政如漢晋季世賢智隠淪而闒茸躡高位自吾補苴朽壤穿柱顛仆古殿眈眈支於已傾又痛掃溉覺其山之菑翳釃其泉之湫底而竒峯嶄露水漉漉循除鳴若不得其平而有所赴告則又斥前之貪沓者進廉潔修謹者與之朝夕蔵事奉上帝邇乃山祇效珎劍見神物（岩上偶獲古偶龍）噫數十年漫漶隤圯而一旦畀飭且又精神之感召如此誠使郡縣得賢守令如吾之

刬蠹起廢則百姓感福矣臺諫得骨鯁如吾之疏山道泉則朝著清明矣廟堂得賢宰相進退百官如吾之進退其徒則賢不肖分而天下治矣茲不亦大亂之易理耶卒講予合掌稱善請條其說勒之石以備太史氏觀采

靈護廟記

茨楚之西偏有城隍祠相傳以其神爲灌將軍漢有兩灌將軍皆起繁冠議者曰此潁陰侯也予考之史潁陰益未嘗至吉而寰宇記亦無所謂潁陰祠者然遷固皆謂潁陰斬項籍度江平吴遂定豫章郡其郡東南有灌城鄉且宅基在焉唐宜春廟記亦云番陽宜春潁陰實始城之然則漢首奠南服者潁陰力也吉古豫章屬邑秦末民大厭亂潁陰一傳檄鍾陵而連城爭下則其威德在人宜有俎豆之者故至今數

郡城隍皆廟濯將軍謂爲潁陰侯無疑也夫潁陰丕績卓卓固不假飾說至其報應如响元元陰受其賜而茲廟也漫不碑碣是大闕典建炎初大駕南巡降奴長驅江界所至守若令望風舉纇人走死如騖邪民懼不免哀禱庭下卒之城雖不守而邑屋賴以全先是卒有盟於廟謀殺人以反欲發而得間者有卒復然亦先事暴露向非聖神英烈之賜十萬戶受其禍矣紹興癸丑耆老狀神之靈於郡郡請之部使者以聞於朝明年敕賜廟曰靈護會中書舍人贊皇李

公來爲郡大尹政清戸庭人自得於湖山千里之外不知有兵則曰神貺吾也乃親洒墨妙張大標牓顓陰千數百年陰功潛德暐然以光或曰顓陰佐漢取天下位丞相配享高廟豈恝恝然食此土而福此民哉是不然按高后紀方諸呂柄朝漢可摇足取然不敢逞者獨畏一灌將軍耳其生也氣已葢萬夫之上則其没也宜必赫厥靈於天地之間矧吉之人忠信豈弟事神如父母神而不欺獨能遺吾邦乎合郡之人然余言請傳其事遂書之石

二友堂記

上方側席高人起左史福唐李公彌遜於釣築間將
大用會南方告饑而廬陵特甚詔公作牧以字罷瘵
既至櫛垢爬痒民獲甦醒郡以大理則求所以慰憊
懣者於硯廬之偏得古松蔚然對植以竹開軒其下
榜曰二友且爲松竹主人命郡人胡某志之僕曰公
山林十有五年窮崖怪壑家猿狖而宮魚龍宜於林
木飽聞而厭觀者豈少此二物哉是葢有說焉孔子
曰巧言令色鮮矣仁夫能牧養小物惠鮮鰥寡其惟

剛毅不回之士然剛難不失之虐則奪於慾故曰棖也慾焉得剛而書曰剛而無虐蓋不虐不慾可以言剛惟剛乃能行仁公獨有取松竹焉者非以其德全於剛耶方公閒於簿書曰哦其中見夫檀欒膠轕冷風颯人清陰澡慮則思所以大庇吾民以澣以濯見夫落落高標凌轢霜雪有不可犯之色則思所以上列利病於當塗要人爭可否而不折見夫幽姿勁質鸞鵠對峙而不受鷃雀則思所以擊奸尚賢使君子有所恃而小人有所畏卒之雨暘以時物物得職威

令神行惠利川流仁周乎骯桑義高乎偃伯曾不旬歲而民和年豐是豈巧言令色四體若無骨者所能乎至若心遠地偏境與意會萬事不到胸次聽號鐘之松風挹寒塘之竹露遼歷物表便有濠濮間想回視軒冕所謂九萬里則風斯在下矣是固可友而不可屈雖然公將羽儀天朝固不能屈之使西如摩頂者然能卓然特立臨大節而不可奪以措天下於泰山之安則豈惟無愧二友實丘壑夔龍之友

廬陵縣重修先聖廟記

廬陵古稱大縣唐正元時戶二萬餘有地三百餘里至熈豐間戶籍號七萬迨今不啻倍蓰縣當刺史理所令日兩趨衙退則録判將校無所不闗决煩言易生凡事難專又適茲興法讞午百姓劄罷爬梳不可以夜繼晝爲吏牘埋沒至破頭不得出氣政且不舉何暇及教縣故有先聖廟歲上丁釋菜府吏執事趍如令則止視貌像殆土木偶然官之設豈端使然哉今令君老於政事如古鍵令其爲治鍵之以勤強練

寇興時桀黠吏縛不能展手不期月煩言寢聞則笑曰夫其口衆我寡吾知行吾政耳益痛掃溉辦了公家事小大斬斬逮鰥廩餼以爲未至則喟然治黌宫一新廟廡凡宫室不能庇風雨者自我雕鏤像圖巍然突兀照映於是廬陵之學可以責士之不來賈生有云移風易俗使天下回心而向道類非俗吏之所能爲也誠有味其言哉夫俗吏云者不過曰獄城不得其情刀筆不剌於骨箕斂口率不登其時遮泄干掫不中其程美錦不盈其實吾所汲汲也勸學養士

二千石之職也令於何有哉因謂可以無學無學不害則苟而可嗚呼是盖不知縣鄉教之源教學政之源養其源則末治獄訟誅歛末也夫民性非本惡彼其強有力者嚚暴悍者盜豈專民之罪哉長上不勸學也父母我民不知勸學至其寡廉鮮耻一落檻穽驟以三尺扎繩之可謂大不仁矣誠能隆師尚賢使民知方彼有耻則可使無訟彼知自愛則可使畫地不入彼知愛上則職可使不趣而辦我無欲而民興廉則可使雖賞不竊如是則前所謂獄城刀篚口率

箕歛干掫遮迣雖寖可也反是雖日撻以求治不可也郡大尹李公鋭於養士得梅池萬鍔爲之師而令君聞其揮鞞又建鼓而和之炳乎其相輝蔚乎其相彰於市於田徃徃樵夫談王道將閧絃歌息丁寧俎豆壓戎馬簿書箠楚且於煤尾荒凉然則使民回心而向道果不在俗吏矣鍔予同年進士也嘉其意不苟屬予記之書賈生之語以諗焉令君成都王昌故相岐公之孫世其家藴申鮮虞之傳摯云

紹堂記 爲安成劉智原作

粤自甌脱窘邉幅天驕窺戛盟毒流中原灾及編簡瓜坵砥柱之禍蓋已至此異時壘兵道一變研桑而繁冠者流至謂定亂興邦直須長鎗大劍焉用毛錐子斯言一出天下靡然安之嗚呼此予所取於劉氏之紹堂也堂以紹名不忘其先藏書而作也夫藏山之卷九千而揮梁之軸三萬腰牛汗馬茲固莫儗然與夫娃宮鎣室貯窕窈而儲清淨斯一足以豪矣予恐幽蠹落棚蝸蟠梅隂則鍵之以説曰學殖也身與

家國與天下理亂以之方秦末亡山河甲兵障塞自若也一爲儒仇而陳涉遂起魯諸生抱禮器往臣之孔鮒大儒也且爲之博士殺身而不顧彼豈不爲天下士君子地乎誠以秦火其書故積怨而發憤於陳王也自是危纓冠解烘然沭猴之一炬然則秦焚書耶漢高帝起鞍馬嫚駡書生見則解其冠而溺之其視秦何遠哉然能文以詩書之說至使左右武夫聞其風者咸呼萬歲是何也人厭甲兵思息肩於禮義猶饑人之欲芻豢也由是言之定亂興邦長鑱大劍

力耶禾絹裳塵日久思欲尊俎以折衝士之志古者正應離蔬釋蹻分禹稷之憂都岩廊則思死社稷控要害則思死封疆有如不試而坵壑州埜處緩急之際猶當學顏蠋奮布衣以明大節乃爲不叛古如曰效蚩尤之守廬區區一藏虜耳無補成敗非所望於蕭傳紹興七年冬十月朔記

胡澹庵先生文集　卷七　十

遯齋記

予里人周召挾其有走行在疏朝廷得失號一時狂直他日語予將買書歸築齋以遯且以遯名子其謂何予曰易有遯在彖爲大過春秋不見書蓋遯非聖賢之得已也殆如詩考槃考槃賢者不得志退而處窮者作也予以一介草茅一言而善廟堂擇焉使待試禮部則與衛之賢者不得志於時者異矣而欲遯焉左也雖然是固在已衆方炙轂以媒進子獨脱屣塵軫作沭猴禪正自不惡請因考槃之義以鍵子之

决夫考槃賢者處澗阿能成其樂者也其章言永矢弗諼永矢弗過永矢弗告鄭子云弗諼不忘君之惡也弗過不入君朝也弗告不告君以善道也歐陽子云弗諼不忘隱處之樂也弗過獨樂不他適也弗告不告人以此樂也伊川子云弗諼不忘君弗過傷不得過君之朝弗告不得告以善也從鄭說則流而爲行吟塗哭鬱而獨嘆者之爲也從歐陽說則流而爲槁木凍灰往而不返者之爲也從伊川說則流而爲假隱釣名足岩壑而志城闕者之爲也是三樂者將

安從子歸闈繹優游異不及排怨不及誹有合於吾易嘉好之吉則善矣反是君子或所不取紹興戊午仲秋記

眞止堂記

大凡物不得其行則止水之性行或壅焉則止矣止非得已者也惟人亦然疏仲翁行止足之計懼後悔也長平侯見險而止避難也孔庫部左右置止水以警禍也皆非得已而止者非得已則有心以求止者也仲尼可仕可止無容心焉夫應之以無心則大矣今歐陽子肩肩焉築室以求止不亦隘乎曰在易之艮曰艮止也時止則止時行則行動靜不失其時其道光明聖人也曰艮其止止其所也君子也聖人輕

許人以止而重許人以仕至於仕久止速不失其時則未嘗許人而獨以許顏淵曰用之則行舍之則藏惟我與爾有是夫是易之所謂時止時行者非孔子顏子不得私以相與乃若羣弟子汲汲以求試子我仕齊子羔季路仕衛子貢冉有樊遲仕魯由也蹈孔悝之難求也須也與季氏之亂賜也利口覆四國而宰予卒見醢於陳常之庭仲尼爲之太息出涕漆雕開獨何人也在羣弟子中不得齒游夏特以不願仕一節仲尼悦之何如是重許人仕而輕許人以止也

非惡仕而悅止以爲止猶可以有爲仕不由其道不可以有爲也然則艮其止止其所者蓋喆人猶難焉獨歐陽子哉然人莫不有所也出其所而不能止者動於欲也故止之道在艮其背欲牽於前而背乃背之則舉不足以動其心而止乃安夫以淵明放達高士而於酒猶有所溺焉賦詩以止之然卒以酒死者止不安也勢利之溺人猶酒也今子取淵明之所以止酒者以自警誠美矣然勢利誘於前或入其舍則向也止而今也驅不醉死於勢利之糟坵者能有幾

哉請爲子卒艮之說夫艮之諸文不言吉獨上九敦
艮言吉何也九以剛實處艮之終止之至篤者也人
不難於止難於九終故曰行百里者半九十里言晚
節末路之難也春秋字叔肹於其卒者觀其終也九
能篤於終則止道之至善故言吉焉予不以美而以
規苟聞而樂之則必曰美疢不如惡石石猶生我

新州龍山少林閣記

蜀僧寶覺圓暹大師曉真謁澹庵而言曰真埽溉龍山有年矣塔廟棟宇之傾撓者葢甃級磚之頹圮者丹碧之漫滅者水泉之汙不清者皆治新之又即三門建寶閣揑塑爲六祖像於其上號曰少林故番禺尉彭君大年以其母譚之命實始創之其費爲錢二百餘萬又以錢二十萬爲所謂長生錢以備異時修葺之費且死謂真必求澹庵書其事以告後敢以請予嘗觀興國亘贊所謂少林儀壁不以爲礙彌天同

輩不以爲泰稽首六師昔晦令明之語以爲志少林者盡於是矣其何以塞請予自壬戌冬斥新興及今四年而真來乞文者八九返益力則謂真汝亦知一切聖賢皆以無爲法乎着以色見我不能見如來此佛語也汝乃文飾土偶以爲少林是以形色求佛莊然而畫風繫影亦已固矣而又爲閣以侈大之豈不謬甚雖然自古如笠澤書所謂土偶者其與是奚異如是而不以爲不可則雖汝之文飾土偶以爲少林又爲閣以侈大之無足恠者予非學佛者於浮屠說

絶不通曉汝欲聞浮屠之說以爲記謁諸其徒之能文者可也不謁諸其徒而謁於予是固非欲聞浮屠之說也見我仁義禮樂刑政之盛君臣父子兄弟朋友之懿堯舜禹湯文武周公孔子以爲相傳而不朽也故謁吾徒而請之將聞堯舜禹湯文武周公孔子之道也予又安得而黙或謂世間萬法如露電泡影雖海嶽之大變滅須臾何况此閣此像今欲種錢爲長生以錮留之殆恃形以爲固其無乃不達理也與以爲達理者非謂漠然無爲聽其自成自壞也必盡

物之理而已矣易曰君子以永終知敝天有形必有終有終則必有敝此理之常也物雖有終吾能永其終而使之不窮物雖有敝吾能知其敝而保之勿壞此之謂達理至於理所不可然後歸之於命是閣之成壞所不可知而其理則有不可易者予既嘉浮屠之樂聞我道又重有所激於是乎書

新州龍山殿記

殿非古也古者堂爲尊傳云堯舜不下堂而天下治先王盛時明堂以朝而公堂以燕不言殿也殿云者葢自三代而下秦漢以來尚矣曰阿房殿賈氏至言云高數十仞顏師古云殿四阿皆爲房或云阿大陵於上爲房或又云房一作旁以去咸陽近阿房也曰高門殿鮑子都重高門之地汲直嘗請問於此曰溫室殿孔光不言溫樹者曰承明殿楊雄待詔承明之庭應璩三入承明乃此曰建章曰神明曰鳳闕曰駁

娑按校獵賦皆在昆明池旁武帝殿也曰曲臺孟長卿爲此殿署長曰燕昵張晏云親戚宴飲之殿班柏召見於此曰金華鄭寬中張禹朝夕入說尚書論語曰鳳凰宣帝時鳳凰見作也曰麒麟哀帝宴董賢處以麒麟閣推之知亦武帝獲麟而作曰白虎杜欽對策處後謂之白虎通者以殿得名成帝寵飛燕其中曰玉堂三輔黄圖云大小玉堂殿者李尋久汚玉堂之署按黄圖溫室在長樂宮餘皆未央惟玉堂未詳其處觧嘲云登金門上玉堂則當在金馬門内又外戚

傳玉堂近椒房殿説者云嬖幸之舍恐别一殿非此
玉堂也魏晋隋唐如澄鸞顯德貞觀百福會寧咸寧
清思大和之號不可殫舉其顯者曰太極神尭受禪
處又開元中太室壞姚崇以神主遷焉曰武成光宅
中上尊號處又開元間嘗宴大臣李元紘等曰含光
宴京師侍老曰長樂至德二年享九廟神主曰麟德
長慶元年觀樂曰中和長慶二年擊鞠曰宣和寶曆
二年觀百戲曰中華高宗嘗召宰相及弘文學士令
孤德棻坐此殿問王霸説曰乾元垂拱四年改爲明

堂者曰集賢蓋元宗改麗正書院爲之張說爲學士後代宗召裴冕等十有三人待制事見獨孤及傳杜子美云還家初散紫宸朝代宗時有紫宸内殿杜又有宣政殿退朝據乾元元年上皇御此授寳符冊者杜又云蓬萊殿前諸主將接漢作漸臺泰液象蓬瀛故唐亦以名殿杜又云芙蓉別殿漫焚香疑曲江芙蓉園其處也杜又云箭入昭陽殿昭陽蓋宴私地故太白云飛燕在昭陽北征詩淒涼大同殿丹書引承

恩數上南薰殿二殿未知何代作又有長生殿據樂

天詩則似天寶時史則在肅宗時當以詩爲正介甫云披香殿上留珠輦舊傳披香煬帝作觀皇文語燕世長則貞觀間作也杜云汝翁草明光退之亦云漢家舊種明光殿漢宮闕疏無明光殿惟泰初四年起明光宮又成都侯商借此宮避暑皆稱宮退之云殿則宮殿一也歷考前古皆以殿爲尊末世佛老之廬輙擬於人主或疑非是抑嘗究其説漢三公府或稱殿張子高劾黄次公舉孝弟爲一輩先上殿顔氏云古者屋之高嚴通呼爲殿不必宮中然則佛老之廬

謂之殿可不可也長老可端住龍山有年百廢具修
又新作所謂殿者甚偉請濙庵記歲月八九至益力
予辭之牢雖然予嘗宦游長樂名刹相望叢林之勝
聞天下予休沐與諸公啜茗清坐瀹簿書之塵也自
頃落南夢寐三山如逃空谷聞足音況可端實閩之
秀從吾儒游樂求其說若羨聞聖人之道其可無一
言以鍵之且以寄予之眷戀於閩也端又自言嘗與
江東何大圭晉之游學作詩晉之予故人也以是知
端真有意聞聖人之道故勉爲之書文雖𩨨骳大畧

倣退之畫記而其指則一歸於道必有能辨之者

肇慶府講武榭記

肇慶府講武榭者太守右朝議大夫襄邑鄭公安恭作也其自吉陽蒙恩北歸道嵩臺公與通守左承議郎潮陽袁公煥章及某燕於兹榭酒半謂是邦實藩府戎國大事講閱爲政之要務而校場在城之隈湫隘弗敞不足以隷武備示整暇甚非謂也頃始視事行城之東得此異處不遠府咫尺而山海之勝概具焉木天渠渠誠千里壯觀不可無紀謀伐石以俟其退而思偶記春秋書宣榭事輙考始末而爲之説左

氏云榭講武屋公羊云宣宮之榭樂器藏焉耳穀梁亦云藏樂器且禮典無榭又杜預云臺有木曰榭則非宮也而爾雅云無室曰榭謂室既弗設則榭不可以云藏器按之語云臺不過望氛祥榭不過講軍實然則榭者講武之所左氏得之然楚子西以陂池臺榭譏夫差燕游而征南於宮室不觀謂觀臺榭也則榭亦遊觀之處左氏必言講武者蓋於遊觀而寓武備焉以示安不亡危耳目以宣者李堯俞黎錞以爲宣王之所爲也何以書爲天下記也一榭耳何繫乎

天下哉宣王南征北伐中興周室人思之深不復見其生平講武之所故爲天下記也由是推之得非爲政之要務乎公生相家而學問文章與寒士爭衡當强仕時退處岩壑參相李公泰發以谷隱名其軒而詩之其樂道自守礿若無功名意一旦不得已起慰蒼生累涖名郡率有佳聲再爲茲府日與袁公同心協力字民馭吏政通人和櫛垢爬癢而鬣虱跡掃蘊疲弱强而冠虎脇息隆儒禮士教化行乎遐邇而能安不忘危留意備豫旬閱月校作其惰媮將强卒武

威稜憯乎殊俗然則茲樹也豈止矜車甲耀犀渠徒使蒙輿比之士彎繁弱之流剸象落鵰夸服猛而已哉竊嘗謂古人以酒喻兵而樂記謂酒生禍韓宣子謂兵爲蠹其毒一也然酒可千日而不飲不可一日而無酒兵可百年而不用不可一日而無兵是以聖王重焉寓酒於祀以隄其禍寓兵於農以損其蠹末世惡兵之蠹而去之猶惡酒之生禍而欲廢祀也其可乎故秦自始皇毀兵而天下瓦解漢自新室弛備而夷裔亂華晉自王衍清談不言兵而中原淪亡唐

自蕭銑銷兵而河朔復失秦迄唐不啻數百年而覆敗一轍以是知公之長慮却顧深且遠矣故爲公大書特書以告來者使知閑於不虞而毋忽若夫面勢之審登覽之好絶壁過雲驚濤捲雪朝霞燦發夜月澄空當有騷雅者爲公賦之紹興丙子十一月記

胡澹庵先生文集　卷十七　十三

雷州城記

紹興八年春二月海寇陳旺長驅乘潮犯城南鄙縱火大掠居民驚潰官兵虞輔國倉皇卒烏合迎賊戰没效用李憲等遇害人爭保子城於時民新剏於兵交走死無弔由是邦人始以無外城爲病十五年右朝散郎王趯來爲邦伯視事之初規創外城期年計畫始定乃因民力之餘於歲杪閲土保下按籍賦役起郍盧並西湖屬赤嶺岡築西北南三城又包東陵因高埤甲塹英禄山爲東城大闗四門功未就而王

公去更兩政不克繕二十二年左承議郎黄勲代爲州乃謀甃石始陶磚甓訓防丁助埏埴歲十月僝工越明年南北壁畢甃合四百二十有二丈而黄以代去於是右朝奉郎趙公伯樫實來曾不踰時政通人和百廢具張一日視城東西壁喟然歎曰是於南北隅厥功倍焉吾其敢不勉乃命益陶自是西壁凡三百四十丈東半之而東北壁塹山削成又一百八十丈踰年咸畢甃猗與美哉時二十有五年冬十月也城高二丈有五尺厚二丈圍五里有奇睥睨合二十

有七女墻合二千六百五十有二隍濶五丈有五尺深四分濶之一閱十有一年功乃克成嗚呼其難哉初王公之去公請代王以書來諗曰公苟代我願以畢城爲請會得陵水而止及黄公將之官而公適攝機宜番禺待海康闕酌酒謂黄曰王公實經始外城事體甚大後弗繼葺將有復隍憂公胡得自畫哉幸與公代敢不以告黄及州工不懈益力實自公發之比公至又能躬勞率下悦以使人執役不煩而民不敢愛其力故城成而民不告病某自吉陽蒙恩北歸

嘗登高以望雉堞隱然雖古所謂矗若長雲屹若斷岸殆不能遠過真一時之壯觀千古之弘規也顧不偉哉竊嘗謂人之立事無不銳於始至其中則少弛卒而漫漶不振者多矣王公克創厥始黃公克鍵厥中誠難矣然微公克成厥終則前功皆廢故曰終之實難其公之謂乎公生而富貴能痛自刮磨委心於學周知人情世要累爲大邦蘓枯弱强落其角距櫛垢爬癢民獲奠枕優游怡愉而人自得於海山千里之外使得行其志澤被天下雖古名臣可跂及也其

功豈一城而已哉此非僕私言也遂刻石以記

儋州繼美堂記

服嶺以南在唐凡七十州惟瓊崖儋萬振又在大海之南漢無瓊方今之瓊治瞫都葢朱崖也儋耳屬焉二郡廣輪可千里合縣十六户二萬三千餘其民數犯吏禁率數年一反自元鳳元年爲郡至始元元年二十餘年間凡六反遂罷儋耳而邑屬朱崖至神爵甘露初元之間諸縣更叛又棄朱崖則儋耳亦棄矣史不言棄儋耳舉其大凡也厥後馬伏波平海南於是復郡置至唐析爲五郡按茂陵書儋耳去長安八

千里與内地阻絶黎蛋錯居又有海外雜國屬户夷
性悍輕易怨以變韓愈所謂好則人怒則獸者蕃商
粤賈舶乘風潮瞬息踔數千里小有警則如蝟毛而
奮故叛服不常自古號難治非有威畏德望狎土風
可畏信者往往至輒生事紹興戊辰臨川陳公以天
子命涖兹土不鄙夷其民修學校禮樂以示之孝行
於家化行於庭而垊獠自格於海山千里之外乃以
餘力葺東波酒堂且繪坡老像使人有所矜式又於
治之南沼泉築室以爲謀野之具而參政李公以賓

宴名之公問以賓僚游焉邀琴牙奕竹展樂盧家風
洗薄山之垢或乘興相與訪麯生浮白醉紅追逐雲
月若不足日囬視曩時神爵甘露之間屢戰屢叛者
蓋萬萬不侔於是邦之耆老喜曰公之尊父徃嘗父
母我民去而思之樞密折公銘之詳矣今公繼來郡
又大治是非父子之懿耶某以罪從嶺表十年士大
夫論二廣人物必以公爲首稱曰識陳逢時乎歲在
巳巳某自新州再遷吉陽道儋耳始獲識公一日公
與某坐於郡齋之東偏冠古堂從容曰是堂名未稱

爲我新之某辭不獲因以邦人之語易曰繼美公首肯且命爲記遂書以告公之子若弟他有繼美者當無忘斯志二十年澹庵居士胡某記

莊列祠記

莊子列子皆古有道之士也嘗怪班固叙列子與鄒衍淳于髡等叙莊子與惠施公孫龍等似非知言今考其書莊子欲推提仁義絶滅禮樂以詩書爲生民之桎梏而議者謂讓王説劍淺陋不及於道列子之書亦多牴梧於聖人粒我蒸民莫非爾極詩人思后稷而作乃以爲康衢之歌管仲死於魯僖十七年至襄公時晏嬰始見於傳乃以爲晏平仲問養生於管夷吾荀卿云子産殺鄧析列子亦云按子産死當魯

昭之二十年鄭駟歂殺鄧析則在得寶玉大弓之歲相距殆二十餘年二子於聖人之道若不相勘盍其書大抵多虛荒誕幻務爲不可涯涘之說以相高故班固敘二子與鄒衍數子並然其歷記成敗存亡禍福古今之道秉要以執本合於伏羲之結繩清虛以自守合於帝堯之克讓卑躬以自持合於易之謙謙盍班固之論如此至魏王弼亦謂坐忘遺照合於易之陰陽不測恢詭譎恠道通爲一合於易之睽極則通而固且以爲此人君南面之術則二子其亦有補

於治孔子曰子桑伯子可也簡夫簡者清凈無爲之道也二子者子桑伯子流而用心如是其去申韓遠矣邦人立之祠宜也予勉衆請謹摭前人説論而勒之貞珉俾有治世責者知所採擇焉廬陵胡𠷓記

卷十七畢

胡澹庵先生文集　卷十七　十

胡澹庵先生文集卷之十八

宜川後學符秉龍斯萬　校閱

宋廬陵胡銓著　鍾蘭映奎　紹虞賡文

嗣孫　澐龍篆　廷棟騎屋
定靜園　近仁元長　編輯
逢盛亮采　値夏道院　永陽院背　仝訂

記

誠齋記

丞贊令爲邑於民最親令職劇事叢民病痛疴癢或

不暇盡省丞職簡得以究知民隱凡所不便及所願欲而不得者必聞聞必以告令罷行之然必賢且仁者乃能耳彼婉孌者惟頭會箕歛米鹽煩碎爲懸視民休戚猶鄰人肥瘠漫不關意問其官則曰親民人失職則曰非我也令也是其心得爲不欺乎哉丞之設葢不若是恝廬陵楊侯庭秀清白世其家學問操履有角立傑出之譽戰其藝場屋中丙科則胃曰時方味謟言吾乃得志得毋以謟求合乎則羞前之爲更隸宏博之學以息剸補黥於是呻其佔嗶上窺姚

姒下逮羽陵羣玉之府至於周柱魯壁汲冡泰山漢渠唐館之藏奥篇隱袠抉摘殆盡沈浸醲郁擷葩咀英詞藻粲發往往鈎章棘句怪怪奇奇可喜可愕業既成則又喟曰是得毋類韓子所謂俳優者之辭耶又盡棄其學而爲子思中庸之學紹興戊寅丞零陵乞言於大丞相和國公以鍵其志公報以正心誠意之説則又喟曰夫與天地相似者非誠矣乎公以是期吾吾其敢不力乃揭其藏修之齋而屬予記之夫名生於實不足昔有以尭名其門者又有以尭名其

堂者堯豈可幾及也哉爲是名者實不足也兹齋之名毋乃浮於實乎曰不然古者盤銘以德不忘德也鼎銘以勤不忘勤也今將朝夕於是以無忘公之忠誨而惟誠之思夫誠可能也至爲難誠而不至便與天地不相似名何有哉故予畏名如畏虎非畏名也畏竊其名而實不至焉者也然則侯之志篤矣由是而充焉豈止行一邑乎吾知其去是邑而翺翔於丞明也必矣遂刻之石

濂溪周先生祠堂記

春陵太守直閣向公抵書某曰紹興之初予嘗莅茲土壬子春坐諸司誣鑠罷寓豊城僧舍是秋文定胡公自給事中免歸亦館焉得朝夕請益一日謂予濂溪先生春陵人也有遺事乎對以未聞後讀河南語録見程氏淵源自濂溪出乃知先生學極高明因傳通書成説味於其所不味茲幸復假守視事三日謁先聖畢語儒官生徒先生天下後世標望成説具在後學獨不知尊仰是大漏典請建祠講堂後三元閣

上咸應曰諾夏四月辛卯繪事僝工合郡翕然向化子其記之某謂自頃興法搶攘刺郡者率爲吏牘埋沒至有難如素王之嘆奚暇教化公下車首尊賢崇雅且懇懇以誠爲言此盛德事某敢以固爲解況伯氏孚知爲舊其又奚辭竊聞韓子曰誠者不欺之名程子曰誠者理之實不誠無物言無實也其說始於易成於禮考之曲禮鬼神以誠考之檀弓慎終以誠考之特牲昏禮以誠考之月令工師以誠考之學記教學以誠考之樂記禮經以誠考之祭統祀享以誠

考之中庸事親以誠考之大學治天下國家以誠八者一不誠焉皆欺矣大哉誠乎誠非難也至誠之誠難也夫婦之愚反身可以爲誠及其至也雖堯舜之誠荀卿猶以爲僞堯舜豈僞也哉故曰至誠之誠難也禮至誠有五能盡性也能化也前知如神也無息也知天地之化育也是皆實理之極不欺於人故能盡性不欺於物故能化物不欺於神故能如神不欺於巳故能無息不欺於天地故能知天地之化育通書之作益期學者至於是焉耳云性者剛柔善惡中

而已盡性也云動則變變則化者能化也寂然不動者誠也感而遂通者神也如神也云君子乾乾於誠者無息也云乾坤交感化生萬物者知天地之化育也知此五者則知禮之所謂誠矣知禮之所謂誠則知易之所謂誠矣易禮通書其致一也或曰通書叙乾損益動云不息於誠叙家人睽復旡妄云旡妄則誠是卦皆誠也而漢上夫人以爲易惟乾言誠誠者天之道也然則通書否乎曰非也子獨不見夫一六之說乎天以一生水地以六成之一六合而水可見

誠則明明則誠誠明合而道可見古之人蓋以誠配一也言誠而止於天何知一而不知六也按誠說乾元誠之源元亨誠之通利貞誠之復夫乾四德爲誠坤屯臨隨无妄革亦四德也不得爲誠乎元亨誠之通大有蠱升鼎非誠之通乎利貞誠之復蒙同人大畜離咸恒遯大壯明夷家人蹇萃漸兌渙中孚小過既濟非誠之復乎推此則易非止乾爲誠也明矣獨乾言誠者端本之道耳故曰乾元誠之源其旨微哉公往歲司風憲湖湘戢吏字民民至今思之以不歷

權勢落落二十年而所養益剛大今復觀像濂溪務實去僞豈徒角空言而已其必由先王之書以明易以合乎曲禮之誠以嚴屏攝合乎檀弓之誠使民送死無憾合乎特牲之誠使民婚姻以禮合乎月令之誠使民器不苦窳合乎學記之誠使民風易俗移合乎樂記之誠使民禮經無僞合乎祭統之誠使民祭思敬合乎中庸之誠使民養思孝合乎大學之誠使吾政術無煩斯無所不用其實矣由是而充焉吾知公後日登樞贊元致君堯舜上則盡性也能化也前

知如神也無息則久也知天地之化育也宜皆脗合
通書之旨視濂溪其何愧焉濂溪諱敦頤姓周氏二
十九年記

及老堂記

廬陵婦人解氏可特封孺人勅老吾老以及人之老古今之通誼也汝積善在身年過九十屬玆異渥寵錫嘉稱豈特示朝廷之恩亦以增閭里之耀先是正月一日勅畧云皇太后仁德天佑聖壽無疆新歲八十朕於宮中行慶賀禮當與普天同慶應得解進士父母年八十以上與初品官婦人與封號及是解拜命其子昌齡走書衡陽云吾母受恩封實家庭之慶仰惟龐鴻之施自薦紳士大夫下逮刺草之民同仁

一視昌齡也以常階計例當榮及其親而吾母年自軼格乃釋彼而就此盍以予貴勿若年彌高而自致之難且榮也重念昌齡攻苦一生未能榮親而聖人極一人之孝有以榮天下之親敢摘誥語榜所居堂曰及老惟吾季父書之請龔石以竢倘獲拜賜不勝大願其得書感嘆追惟大父母昔嘗以百歲封誥有眷予六世之遺民時乃百年故老之語自時厥後凡三十有五年而汝母復以耄期聞於上實吾高曾積德之報吾與汝可不知所自況汝請之力敢不大書

特書以後天寵且以荅揚吾祖之澤乎謹按禮有養老有尊老及云者養且尊也夫養老宜未足多也然文王以善養老興不養老宜未有害也而三老凍餒君子知其必危尊老宜未足多也然成王以尊老而俗抵雍熙不尊老宜未有害也而侮老成人聖人知其必亡然則及老之仁誠聖朝之休德茲堂也上足以昭吾君尊養之誠次足以彰汝母齒德之尊下足以顯汝榮親之孝名一堂而三物具焉豈不偉哉或謂此亦事之常耳子之辭不已誇乎某曰古之養老

者或於四學或引年或月告存或日有秩或賜筵或給侍或賜饘食粟帛可謂厚矣古之尊老者或以靈壽杖賜舊臣或以延年杖賜三老或以靈壽杖賜宿將或以鳩杖賜侍老可謂勤矣雖厚且勤孰與錫湯沐之封爲榮也哉曰昔固有非緣天子封而膺其子若孫者亦有年八十而版授郡縣鄉君者又有百歲而版授郡夫人者非疏封耶某曰不然彼或因肆眚或因巡幸或因上徽號常禮耳今皇家東庭萬壽之

恩蓋千古曠見非常禮也可同日語乎疑者氷釋遂

書以遺昌齡刻之石紹興己卯七月記

清江六賢祠記

徽猷閣直學士致仕向公歸清江舊隱曰薌林飯疏飲水徜徉田間常怪佛老之廬突兀相望而學宮卑陋弗敞乃輟月廩積三百萬錢將創閣以庋書於講堂之上且侈大其制以風學者未就而捐館其子右承議郎蘄州通守澹始克卒公志宏規殊裁改一郡之觀於是伯仲相與謀曰是邦人物如劉氏兄弟時則有若侍讀原甫舍人貢甫孔氏兄弟時則有若舍人經甫侍郎常甫郎中毅甫皆一代偉人請圖其像

於閣以模楷後學不亦可乎教授宗君翔子飛與諸生閣而題之則相與謀曰公作此閣繫名教是賴併繪公像以六五賢不亦善乎皆曰諾既繪事僝工則又相與謀曰是不可無記乃千里走書衡陽請記於某而刪定方君疇耕道亦書見速某頃位於朝常辱公之知且常撰杖於尚書晏公景初侍郎曾公天猷及李公似之聞之三丈緒論得公之爲人頗悉矧此又盛德事某安得以固爲解荀子曰吾嘗聞大勇於夫子矣是勇也優游春容不動辭色而置天下於磐

石之安忽焉遭之則富貴不能淫威武不能屈兕虎不能驚烏獲不能猛秦成不能力圍犖不能捷州綽不能搏賁育不能守狄彌不能單北宮黝不能逞是寞術而然哉其必有不恃勢而強不假怒而威不借兵而勝者矣方司馬公姦薰之碑立天下不敢言公獨以爲不可方劉公器之居南都陳公瑩中居南康天下皆以爲當然公獨以爲非是方僞楚君圖天下陰拱而觀變公獨扶義而麾之挫鵂虎而奪之氣豈非至大至剛如曾子之所聞於夫子者乎今夫天下

皆亂而已獨治在獨善者處之不害爲太平天下皆治而已未治在任重者處之猶以爲未至當睦冦作於東南非天下皆亂之時乎而危言危行奮不顧身可謂已獨治矣方持槖時朝廷清明内自宰相以及百執事若而人外自部使者以及守宰若而人雖不能皆賢然往往號一時選非天下皆治之時乎而以柱史一言力求去職豈不以已或未治而任重者固應爾耶初公之帥長沙也力屈城陷議者咎公以不死竊嘗詰其故矣方虜騎長驅江左席捲湖外公以

千百烏合之衆戰百萬方張之兵守一城以捍一路蔽遮湘南沮過其勢荆廣之不亡公功爲多當是時所至望風犁顙獻城而圖存者不可以縷數受僞命假守者相環也舍此不議而以死節病公是大不可曉也故嘗論天下有重可有重不可理可得而我勤之此重可也理不可得而我勤之此重不可也公移尺書鍵睢陽如形格勢禁而志不得於咸陽傳寸檄搤僞楚如招放豚而志不信於桂史折箠以鞭醜虜如驅羣羊而迹不容於羣小以孤忠締萬乘如膠投

漆而位不登於三公葢公之所可者理可也而其不可者理所不可也或曰子之言似矣是祠非合古也且禮法施於民則祀之以死勤事則祀之以勞定國則祀之能禦大災則祀之能捍大患則祀之非此族也不在祀典是祀毋不典乎其曰不然昔固有所謂鄉先生沒而可祭於社者又有所謂有道有德者使教焉死則以爲樂祖祭於瞽宗者公也與劉氏孔氏兄弟皆有功於名教與鄉先生孰多以道德教人視樂祖孰優緣而祀之獨不得與祭於社祭於瞽宗者

比乎然以勞定國能捍大灾公有何愧焉公諱子諲

字伯恭紹興三十年清明後五日記

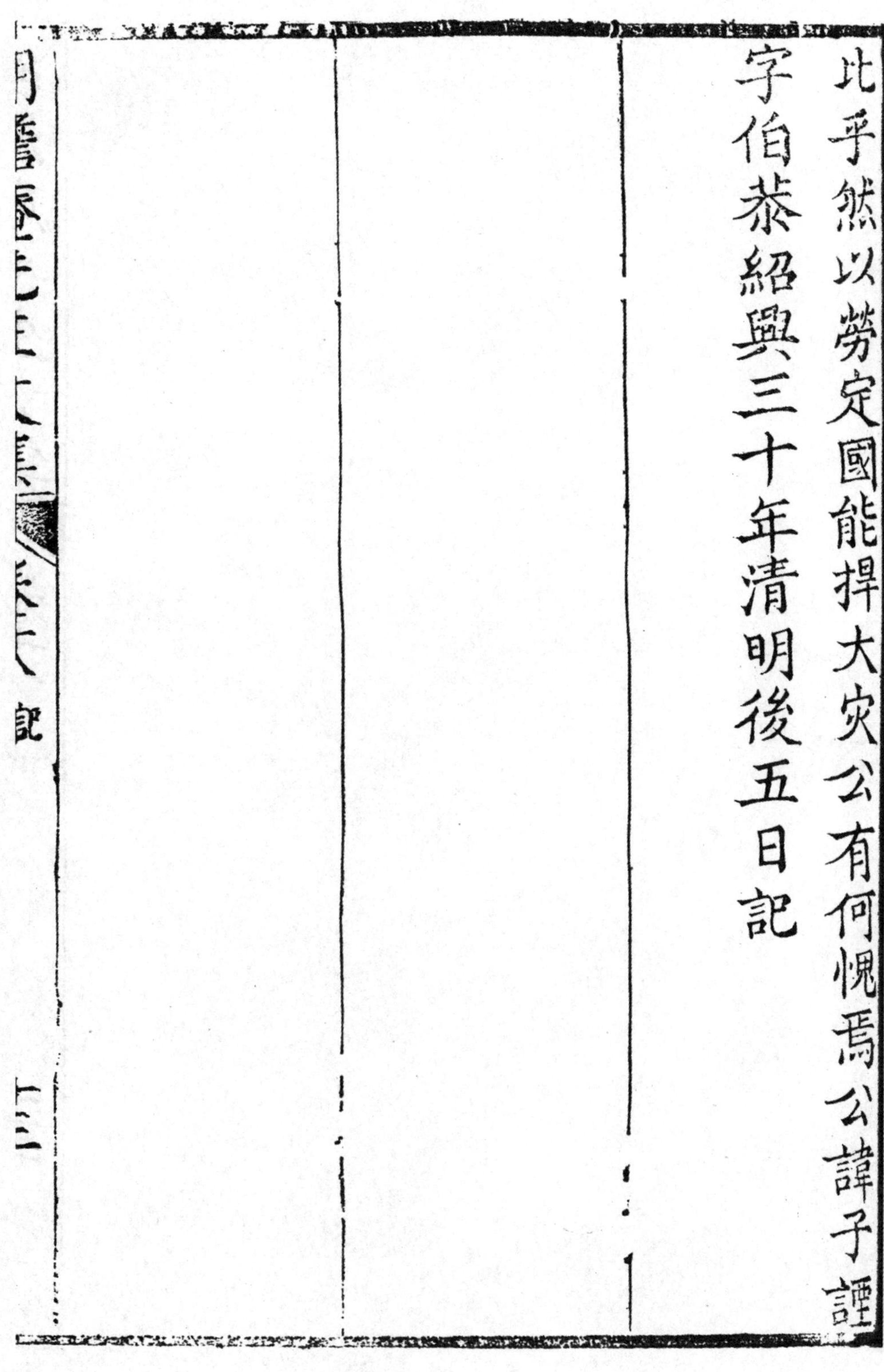

時中堂記

某兄之子維寧移書衡陽謂某曰聞者取子思時中之說以名讀書之堂其爲我記之某以嚴譴流落嶺海者二十年才獲内徙畏首畏尾筆閣不敢下者累月書來請益力却之不可則諗之曰子知子思之時中亦知易之時中乎夫易之時中學者之事子思之時中聖人之事易之時中其說有三一曰時之所願惟願於亨以亨行之得時中也一曰中者處得其中得中則時一曰時中之欲達而一發之也子思之時

中其說有四一曰孟子所謂聖之時以其仕止久速各當其可一曰時者猶冬飲湯夏飲水之謂一曰執其兩端所以用其時中一曰幼壯老死朝旦暮夜時雖不同其中一也由前說而致知力行則進乎易之時中庶幾乎顏子之擇乎中庸由後說而致知力行則進乎中庸之時中庶幾乎舜之執其兩端夫不極高明則中不可識不窮博學則中不可識譬如一宮之與明庭爲中指宮而求之一國則宮或非中一國之與寰宇爲中指國而求之九州則國或非中惟極

其大則中乃可求惟止乎中則大斯可有回之擇乎中庸蓋求見聖人之止而極乎大也舜之執其兩端蓋止乎中而大可有也世之人以曲意小智梏乎有我之私而舜顏之道遂卓絶而不可企及非果不可企及也弗思爾矣雖然喜怒哀樂之未發謂之中其未發也安見其時耶曰子不見天地之理乎夫溫厚之氣爲春則人指爲陽中肅殺之氣爲秋則人指爲陰中曰是天地之時中也而不知其溫厚肅殺之未發而中氣已具然則知天地之中則吾之中可知矣

極吾中以盡天地之中以之事親從兄以之修身齊家治國平天下何所往而不可古之君子所以爕理陰陽蓋本於此夫喜怒通四時而陰陽或至於并吡無是理也大哉時中乎易言中者五十有三卦言時中者一子思中庸言中凡十有五言時中者一嗚呼得不謂之難乎故曰極其大則中乃可求止乎中則大斯可有吾子勉之紹興三十一年人日記

清江經史閣記

紹興丙子冬十一月癸巳經史閣成士民鮮會聚觀塡郭塞郛經始者實鄉林先生嶽猷閣直學士致仕向公也其子右承議郎通守蘄州澹抵書衡陽屬廬陵胡某爲之記某竊嘗謂公之威譽德業雖赫赫在人耳目然其大節世容有未盡知者方應奉之法行朱勔以花石蕩上心天下側目公力疏其姦欺方王黼開羨餘之獻四方風靡公力回狂瀾而止之方白時中當國人爭舐痔公獨連指其私方靖康之變范

瓊大掠近郊莫敢誰何公獨落其角距方司馬公叅黨之碑立雷風見異而天下不敢言公獨口詈心非以爲不可方劉公器之居南都陳公瑩中居南康羣小以爲當然公獨乞召用後犬虜寖驕朝廷始欲大用器之如公所請方僞楚將興圖天下陰拱觀變公獨仗義而麾之挫虓虎而奪之氣方南都尹與僞楚有連若欲爲地者天下寒心公逆折其輔車之勢僞齊入寇合淝之軍聲言乏糧潛師欲遁公鍵以大義遂破劉麟貔虎之羣方偃藩平江上親題賜再日泛

宅以視異數公奮然引疾不三月而乞身方醜虜垂頭中原附和戎以進者相踵公獨異議勇退徜徉林泉者十有五年公之卓識遠見如此類者不可縷數胡文定先生嘗云向公氣節忠鯁狥義忘私正今日扶持三綱可備使令之人噫公倘無恙可使金虜寢謀朝廷奠安豈止備使令而已乎然則茲閣之作必非偶然者宜記也已其詞曰維清江山川蹇嵯異人間出厥初佛老氏之說勝爭貴塔廟以徼福木天渠渠崛起百增上凝旋極雕碣居楹甍標切雲奔星更

於闤闠仰攀撩而捫天惟學宮薾然不敞頹垣敗壁赤白漫漶不鮮栾桷榱折級甎破缺生師玩視若傳舍然鄉林公獨耻之乃輟月廩嗇衣觳食將創閣以庋書於講堂之上且傍大厥度以張斯文未就而捐館太守東平王公復始視事躨公之畫喟曰是與賁塔廟以求福者有間矣吾可不卒其志乃勅新喻宰任君詔發其儲得三百萬錢鳩工庀材成以不日東西五丈南北倍徙凡爲屋二十有四楹規模岌嶪輪焉奐焉且以石曼卿石刻三大字揭其上易一郡之

規通守公喟曰是邦前哲若劉氏兄弟時則有若侍讀原甫舍人貢甫孔氏兄弟時則有若舍人經甫侍郎常甫郎中毅甫皆一代人傑而典型弗存蔑以示後甚非古所謂鄉先生祭於社之義請圖其像於閣以標表後學不亦善乎皆曰諾既繪事僝工峩冠雲集胥化翕然教養之闡增崇而蚩尤之廬日污周孔之道益尊而黏湛之説自屏清江淵淵飛閣嶤嶤道光匪兕音革蜚鴉前閣皂山頫章貢水山峩水遠隆棟屹峙天子之教惟薌林公是敷多士之學惟薌林

公是勸六藝淵源三史淹貫江之湯湯源深流長天子萬壽公亦不朽蘭茁其芽克昌厥後爰鐫山骨三十一祀刻以詔遠俾知作之自

永興觀記

某少時側聞太皐渡所謂永興觀者瀟洒有道山之趣每適城闉過其門則必游焉住山者王君道貴也與之語類知道者自是相往來爲方外友紹興壬戌某斥嶺表竄海上閱十有五年始内徙合江又五年乃獲自便歸田由宜春道安成抵螺川涉太皐渡首至永興謁王君把酒道舊粲然一笑則謂某曰自頃一别不知幾寒暑世事如浮雲變滅不可勝紀而吾二人白髮相看如故夫豈偶然哉請書其事且并記

觀之興毀始末以託不腐其感其言三嘆而遂爲之記今夫觀之始自胡君紫槩開山而劉君居明繼之瓦礫之墟變爲壇宇百餘年間鐘鼓殷然己酉冬金虜長驅江左邑屋一空觀亦煨燼有陳君中陵者披榛剃莽一新土木百廢具興不十年而陳羽化於是王君奮然大作勝事而里中好事者劉遷吳鑑吳昌劉通出力佐之遂成玉清之居突兀創見而同郡曾仁剩者又出力鳩工揑素爲像既又建三門門側立虎賁之士甚偉遠近聚觀嘆息若其殿宇之盛則勢

隆崛以崔崒峻峩峩以岌業亘修楣之宛虹結枌橑以合沓何其偉也樓觀之盛則隆崇弘敞飛欄轞轞望穽窱以徑庭渺莫窮其所極何其詭也廊廡之盛則塗閣雲蔓隱轔轔嵂隥百版之側陋婗殊裁於八都何其壯也雕縷之盛則髹檻文棿繡栭藻棁叛赫戲以褘煌薔倒茄之狎獵何其麗也若夫三階墀戺琱齒琢瑊坻堮鱗眴棧齴巉嶮雖古駁姿駘蕩蕭奡桔桀枍詰承光睽罛庨豁不足擬其靡傛拱样於林麓憲紫宮以摹擬隔寒暑於邃館直埽電以聳峙雖

疏龍首以抗殿埉造天之危闕不足放其竒朱拱雲浮雕欒霧飛對若駿嶽崛起以捷業髡若鬐風舒蜺以垂天雖表堯闕於閶門軼太清以上征不足擬其峻雲爵踶甍而矯首綵羽摛鏤於西清雖東廂蚴蟉之龍圜闕欲翔之鳳不足喻其逸蚩尤呵廬虎旅森戟靈圉暴於前縈耕甫偃於楯軒雖巨靈贔屓高掌遠蹠如西京之譎河靈矍踢掌華蹈衷如河東之誕不足逞其怪此觀之大凡也雖然予聞道家者流泊乎無為澹乎自持清淨虛無乃其本也今顧為是紛

華盛麓之觀毋乃非廣成之道乎王君曰然此真董梧之鋤也敢不聞而樂之紹興壬午七月朔記

建康府卞公祠堂記

建鄴實江左一大都會其事煩職重在祀與民爲政者率皆先成民而後致力於神凡祀典所秩雜然不可縷數自社稷五祀四望四類六宗八蜡無所不當祭又有賓柴以祀五緯十二次槱燎以祀中能上能貍沈以祭山林川澤副辜以祭四方百物又有磔禳以祭風雨壇壝以祭地祇瓢齎以祭水旱癘疫營酇以祭國門屏楫以祭羣小祀中霤以祭室神又有拔俎以侑食復胙以倞福以至十倫之義吁亦衆矣今

大丞相觀文殿大學士和國張公來鎮此府下車之初獨首及卞公之祠何哉其嘗求其說稽之漢則曰節行者國家之金城稽之唐則曰忠義者天下之大閑葢道以德禮則人尚名義嬰以廉耻則人矜節行故父兄之臣誠死宗廟法度之臣誠死社稷輔翼之臣誠死君上守圉捍敵之臣誠死城郭封疆夫人皆戮力一心仗節死義則國家安固隱若長城是不亦節行者國家之金城與秦以併吞八荒之心欲帝萬世然亡仗節死難之士有一茅焦幾不免虎口故沐

猴一呼而天下土崩東漢之亂獻帝越在草莽曹操奉以爲主當是時天下已無漢矣而維曹氏之爲聽姦斧逆咼摶人而肆其酷海内凜凜以爲漢亡在須臾耳然殺一孔文舉而忠臣義士折首滅頂伏死以爭終曹公之身而不得逞是不亦忠義者天下之大閑與由是觀之公之所以首及卞公之祠其旨豈不深且遠矣哉公道德忠孝服一世用不用爲天下重輕雖去國垂三十年海内至今歌思況其高勳弘烈藏在盟府視古人何愧哉而其意方將尚友古人歟

然若不足孔子曰志士仁人無求生以害仁有殺身以成仁孟子曰生我所欲也義亦我所欲也二者不可得兼舍生而取義者也公之意豈不端出於是仰惟無隄之輿展義呉會玩歲愒日雖卧薪嘗胆而未見死士之節雖寢革枕戈而蔑聞執兵之陪顧眄睨之警日聞復仇之期未指而士氣委靡媮生苟免微公敦尚名教以砥礪頹風則孔孟仁義之談幾何其不掃地哉嗚呼其尚忍言之或謂予言信矣敢問殺身成仁與舍生取義二者同異某曰不同夫仁人於

死生無擇故能成仁義士於死生有取舍焉故止能取義殺身成仁夷齊以之舍生取義子路有焉故結纓而死未能無擇雖然夷齊遠矣有志乎古者或可跂及不然猶不失爲仲由也卞公其何歉焉卞公諱壺字望之其大節舊史詳矣故不復言

衡陽觀音寺殿記

鴈城西湖觀音寺殿者僧本慧所建也予聞西佛書云如我按指海印發光汝暫舉心塵勞先起嘗味其言以求其所謂海印發光與所謂塵勞者而不可得而觀於其居喟然嘆曰是塵勞之若是也今夫茅茨木椽卑宮陋巷聖賢之高致桑門之居豈不靡哉儗殊裁於八都倣圜方於太紫傑閣嵬嵬廣廈沉沉偪帝宇以抗殿狀峩峩以業業蔕倒蘧於藻井葩下敷而伊瓛仍增崖而敎闔覞岫峴而衡闕託喬址於孱

顏冠迎風而嶫嶤翾徑百常而崛起翔鶤仰而猶愕竦造天之巍棟上觚稜而翥金爵若夫雲楣欝其聳峙厥高臨乎折風躐天極而出駘盪帶折翳於重欒跱游梁於浮柱激倒景而紆褌雖都盧之輕趫亦凌兢而莫能梯何工巧之綺谿逞環材而究奇軼埃壒於天半睇甍標而意迷其不謂之塵勞而謂之海印發光耶其裝嚴也則寔以綸連文以藻繪絡以火齊繚以夜光至於砥砒龍輔懸黎結綠和璞明月連城拱璧莫不錯落其間流耀藏英漼璨晶熒於是木衣

綈錦土被金碧玉碣㞳楹梢雲繡桷雕玉瑱以鏤檻聯文甲之采桅琢左墄之九齒磋右平以滂沲綺疏璇題華榱璧璫蒲牢萬鈞怒璩趪趪力連軒而賈勇駴奮迅以趨驤至如寶華王坐藏室法輪蚩尤躩攫守衛撝呵則有黃支之犀余吾之馬九真之麟條支之羽白象驂乘蒼龍吐珠駓騃鬑鬣虎兕熊羆海鱗變而成虬蜿蜿蝹蝹觀者洞心駭目會不能悉其彷佛而神已疲又如箏琶箜篌𥳡筠管篴箾簫笎籠篭籥琴筑鐲鐃鼓鈸喧闐取鬧敗寥閴於净宇熙夢寐

於幽人是又不謂之塵勞而謂之海印發光邪今慧
師乃因予里王夔以速記予欲言其塵勞則幾乎詆
欲言其發光則近於誣其何以塞請雖然惠也垢衣
糲食日持盋丐於市自貿女一錢至給孤側布辛苦
劬瘁累數歲始荒僝工木天渠渠突兀照耀崇隆谹
敷創建於蔾藋厖礫之塲與夫勦民屈力夌土木之
奉以事徼福者其爲塵勞固有間矣可書也己寺經
始於宣和癸卯郡人譚士從蕭思欽蕭華協力市地
開山者祖心而澄照本淨本慧嗣之如漢甲乙帳之

次前雁峯後峋嶁左湘江右蒸水環修竹萬箇横塘雖附郭而野𠤏𠤏賢士多至遊賞故寺今有盧公贊元胡公明仲遺墨存焉予自海南蒙恩移衡與佛者旴江祖儀遊儀爲予言慧之初鳩材於耒陽也方江而下距寺百里所水涸當遵陸頡役夫數百歎不能得俄水暴至浮木抵寺下人異之夫水至柔而强至順而逆秦政力能併天下而不能使波伏不興漢武鞭笞四夷如追放豚而不能使河復故道慧以匹夫無能之人喑嗚咄嗟而水自至此豈可以知力爭哉

殿高廣三丈有五尺自二十四年夏經始至二十六年秋落成其勤至矣噫世間萬法變滅須臾恒沙寶塔竟成微塵茲殿也能保其不爲微塵乎慧如有以保之則予不能知矣歲在屠維單閼二月朔記

衡州壽光寺輪藏記

番禺經畧直閣向公道衡陽謂某是州佛宇壽光寺輪藏者甚偉主僧智本嘗遊予門欲謁記於子盍記之某曰僕非學空者何以塞請公曰第記之庸何傷某曰諾大藏非古也自周柱下史多藏書故宋初學者謂東觀爲柱史藏室桑門踵其跡故庋書者亦云藏然吾聞瞿曇氏於一微塵中轉大法輪何以藏爲且世所謂藏者又皆譎詭不物上擬璇極攀撩捫天曲折百增丹棟璧栵蒼螭蚴蟉以繚楹象輿半漢以

當軒奔星經於彩綖宛虹拖於彤宋壼囷夷猶於珎館蘷魖偃蹇於南縈甍標鳳翹遡風欲翔般爾之考極矣執樂則靈媧宓妃靚飾袨服巾幯卹削或鼓琴擫籥或弄袖振履妙才騁技態不可彌夸容颺菁軼天下之靡曼守藏則八靈蹈厲中黄育獲之儔獢犴畢方游光野仲之偶佗若虎旅拏攫僄狡隅目高匡趫悍虓豁戴鶡秉戚奮鬣被般威讋虎髮植竿奎踽盤礴千怪萬狀轉輪則鼓鐘鏗訇鈕鐲爗煜唄梵隨作嚻聲震蕩嚨聒八宇隱如忽雷不及掩耳彩飾纖

縟則絢以雕藻裛以朱緑玫瑰綵緻緋碧磊砢瓀珉璘彬蚌實瑕英璨若王廡符采彪炳布濩紛泊崛詭逴躒金艧塗飾蕩心駭目雖古髹榫釦砌綺疏璇題瑶宫瓊屋未有飾如許金者且西都建章觚棱棲金爵據三輔故事金爵銅鳳耳長門井泉皆云玉戶金鋪蜀都金鋪交映玉題相輝俱謂胥閭鋪首銅鍰而已解嘲歷金門上玉堂亦止謂門傍有銅馬耳凡此皆非金也叔世失其旨乃至土木泥金雖峻法綱猶一簣遮紅瀾吁亦疏矣然則俗不可移耶金土同價

之論不可復乎曰以時言則不可以理言則可曰物之不齊情也屨大小同價人豈爲之軻老亦自忘其說而有菽粟水火之論夫菽粟不可如水火猶金不可如土也審矣其曰不然天下之理賤生於無所用唐虞還圭抵璧而天下知貴茅茨土階漢世祖捐金於山而天下知賤珠玉象犀夫茅茨土階固不敵珠玉象犀也然而貴賤異者生於用不用耳若然金玉固有同價之理夫智本瞿曇氏也不謁記於其徒而謁於僕是故欲聞道以有見焉使達是理則知椎輪

以爲瑶使其弗達則雖給孤側金不足其欲况能於微塵中轉大法輪有是理哉雖然智本之達不達不必深校而其能苦心勤志營所謂藏與夫鮮衣玉粲以規其私也不猶愈乎與夫暴露其書風餐雨淋者不旣賢乎衛嶽比登新城承節郎曹堯臣以餘力迺佛書於福唐藏適成而書至盱江僧祖儀嘗云佛書止五千八百卷比吾書如唐弘文二十餘萬卷不能四十之一然自武德抵開元集賢四庫卷止八萬九十迄天寶之季又損八千五百而佛書至今不亡者

何也其徒能尊其書而吾徒不能尊吾書耳彼雖亂雜顛沛其目可矚其足可斮而其書不可殺吾徒苟一第則已束書不觀其能顧皮書之室乎由是言之智本亦可道也已里人王夔言是益智本之師竇千劃之工未竟而寂智本嗣成之嗜佛者馬永耿資朱德蘊宏崔宥易宗鑒耿忠王希賢贊之丁純萬忠廷馮琪劉汝權馮尚穆者實董厥役費緡以萬計亦可憐矣直閣公崇雅斥浮或譏以黏湛之說笑而不售今乃繩智本如此則若人者豈亦樂聞吾道如文暢

師之徒與故首告以無高鶡冠子之語廣其聞而樂之終告以弘文藏書之盛俾知聖道之光且以愧吾黨云紹興上章執徐涂月(?)賓中澹菴野胡某記

富灘世德堂記

富灘郭汾陽世裔也去予家十里爲大節先生開闢地左蟠薌山右挹瀧水秀壓環區越六世雲谷廷望以春秋舉政和辛卯鄉試發解授起居注官於予有甥舅之誼京邸往來迭爲賓主歷三年以言事被謫遂罷仕進田園自娱構堂以祀其先顔曰世德請記於予予惟堂以世德名所在多有而於郭允當郭之先原屬二號以音同受姓固有周苗裔也周有積功累仁奄有大物其在詩曰世德作求此其明徵矣夫

開創於前者世有令德而承其後者光而大之是謂世濟其美雲谷仍其義以名堂隆所先也而所以佑啓後人者悉備乎其中吾觀天運無往而不復之機造物無消而不息之理世事無盛而不衰之時朱紱繡黼變而帝布華閥朱軒易而柴桑高爵顯秩降而輿隷豐悴榮落曷其有常惟世修其德則歷千古而不可磨滅雲谷其有見於此而樹之芳嶶俾我子孫世守弗替積累之下知必有應運而興者又將歸本雲谷而揚勵世德於無疆也已夫莫爲之前雖美而

弗彰莫爲之後雖盛而弗繼登斯堂也其亦顧名思
義而有保世滋大之思與乃作記

卷十八畢

胡澹庵先生文集卷之十九

宜川後學符乘龍斯萬　校閱

宋廬陵胡銓著

鍾蘭映奎　紹虞賡文

嗣孫

澐龍篆　廷棟騎屋

定静園　近仁元長　編輯

逢盛亮釆　值夏道院　永陽院背　仝訂

記

此庵記

永和智度寺僧前章貢六和寺長老子諡榜其庵曰

此庵而求記於澹庵老人胡某余官三年矣而記未暇作也乾道改元春還自天目復寓智度而證老日來索記又三穀朔矣又未暇作也而請益力則誶之曰於文止匕為此止止也匕次也次有動意夫大江東流日千里此蟲趯趯長在此則此謂之止可也此水與此人相追兩沄沄則此謂之動可也不知欲止耶抑欲動耶以為欲止則與詩人譏水馬何異焉以為欲動則隨波承流又非予之所敢知也二者必有一於此矣證曰不然君如大江日千里我如此水千

山底則此亦何可訾作詩必此詩定知非詩人則此亦何可泥謂吾爲止如水馬然步步逆流水非吾所謂止也吾所謂止有不止者存謂吾爲動如水泫泫非吾所謂動也吾所謂動有不動者存非動非止非黏非湛必外乎黏湛之外者然後知此易大傳曰夫孰能與於此妙哉此乎澹庵其亦未之思乎予咲曰有是哉必筆其說以爲記而復鍵之曰澹乎若深囦之靚雖止也而物無不應汎乎若不繫之舟雖動也而我未嘗流夫是之謂聞道四月八日記

葛司成祠堂記

廬陵古稱多士而郡學祠堂惟歐陽文忠公忠襄楊公紹興初太守舍人王公三公而已文忠以道德文章伏一世前哲推爲天人邈乎其不可及已忠襄以節義大閑照映今古殆是千五百年英烈焉曩者舍人以闓闤之政去而人思之由慶曆以來迄於隆興三君子相望凜凜猶有生氣豈古所謂三服者耶崇寧間大司成贈少師毗陵葛公嘗莅呻嗶時方右新學公獨好古尚離騷而風化翕然一時名儒踵相躡

自公之去六十餘年而詩文經論士爭膾炙是誠有功於名教上踐祚之三年公之子右朝散大夫立象來守此邦政先教化朞未期月訟簡而盜清士相與謀曰司成公有子哉微司成公之教斯文化爲異端矣微大夫之來崇寧之教熄矣吾儕小人其何以報德於是相與建司成公之祠以祀三公僉曰韙哉乾道元年八月穀朔祠成廣文先生李君璘率學正亮功學録恪直暨虚中世顯等凡十有二人踵門謂某肯讀幼嘗肄業鄉校距公之時未久也𩃬丐公之賸

馥亦已多矣焉得默默請紀厥美以詒不腐某曰古者論政亦必於學今舉學之士皆以公建祠爲當然是公論也公論敢獨遠乎竊聞前哲緒言近世之師師不知行道以先覺覺民故學者不知重道學校之教不知明道以啟廸後進故士亦不復論學大夫能不忘司成公之志而勸篤學者是不謂知行道乎廣文建祠推尊司成公以風示後學是不謂能明道乎舉學之士知公論所在而扶服以請書是不謂能重道知論學乎一舉而三美具焉不已休哉抑嘗考唐

忠州繪劉司徒晏陸宣公贄李忠懿公吉甫白文公居易像爲四賢閣至國朝紹聖初太守王闢之始作復古記士艷其美夫忠州由開元迄會昌不知閱幾寒暑而遼遼相望者四賢耳廬陵自慶曆迄今亦不知閱幾寒暑而遼遼相望者亦四賢而已吁亦難矣然南賓之閣建於郡齋曷若此邦建於庠序之爲公南賓之記號爲復古曷若大夫奉先思孝之爲榮哉側聞日有旨以廬陵政修增秩蓋如漢地節間秩中二千石之比議者咸謂録大夫追科供億之勞以予

觀之得非上之意賞其有功於學校乎故特書以詔
後且擬離騷九章以遺邦人俾并刻祠堂歲時歌以
祀焉其祠曰公昔嗜此瓌服兮年大老至而靡他帶
櫑具之磊砢兮冠却非之峩峩被結緑兮佩明月世
糠粃而莫我知兮吾方高睨而不屑六素螭兮駟玉
虬偶姚虞遊兮瑶之野薾閬風兮餐琈鈎與堪輿兮
並久與瑶光兮姽明哀變被之弗吾儕兮晨予厲乎
虞淵躋蓬隖而反睨兮喟激楚之結風步纖離兮衙
舉拾予軏兮絶蹊理艅艎予遠適兮舉吴榜以擊汰

檝夷猶而不前兮若得坎而洄洑夕發狂渚兮昕邸
天池苟余中其信修兮顧阨塞以奚悲濯滄浪予畱
薄兮渺弗知吾之所之林漭滄以杳杳兮乃飂飀之
所家慨吾生之多邅兮塊獨處乎羣邪吾不能易操
而從諛兮與困悴而終屯所貴聖賢之明哲兮沕遠
引以自珍使長麗可樊而畜兮何以別夫鷄羣賈傅
忌鵬兮敬輿竄死信不必任兮忠不必以婞直鉏鋙
兮絜楹得志康瓠登庸兮黃鐘抵棄羑靈修之浩蕩
兮謇朝訊而夕替舉曠古皆然兮吾又奚尤乎今聊

徜徉成均兮何必懟乎陸沉予固董道而無悶兮亘千祀孰不與予同心

胡澹庵先生文集卷六

北真觀記

道家者流所以禮高真者謂之觀予嘗考觀之義其説有四一云觀者城樓春秋兩觀是也一云藏書之所漢東觀是也一云遊觀之處三輔故事秦時殿觀百四十五謝元暉所賦屬玉觀其一也一云觀之言其高可以望若黄帝内傳置元始真容於高觀之上是也然則道家觀云者豈内傳高觀之類與稽之近古則有金洞玉虚明霞紫舘西華北靈之號國朝則有上清建隆集禧醴泉萬壽天慶之目其來尚矣吉

之安成有所謂北真觀者崇寧壬午有歐陽君者實始破荒鐘鼓隱然而曾有慶者繼之遂極土木剞劂之勝建炎己酉爲兵火所燬片瓦無遺紹興改元復創堂廡其徒劉師林劉嗣林者實董其役而鄉老合辭請聞於朝以北真爲額郡將從之未幾曾君羽化而嗣林繼董觀事里豪王功成者復出力建殿塑像而王俊臣者又出力捏塑衮真列星嗣林之徒劉元明王元恭者又協贊百役屏攝一新嗣林以予與曾君有瓜葛不遠數舍請記觀之興毀義不得辭遂書

其始末且擬楚些以招魯君之魂并刻之碑其詞曰綺鏤丹紹楣方連些綠室翠桅絓曲瓊些層臺累榭臨孱顏些堂耽宇邃楯層軒些深隅薄壁翡幬張些纂組結綺帷蠙珠些蒼玉之梁刻青螭些雕榱繪桷龍蜿蜒些鮮飈轉萑漪蘭池些倚詔畦瀛萊蘋齊些吾聞道家靚且閒些洎乎無爲澹自持些繡而文築胡爲乎些乾道改元陽月壬寅記

胡澹庵先生文集

贛州教授廳記

古之爲民者四士農工賈管子之說詳矣今之爲民者六士農工賈佛老韓子之說詳矣古之教者處其一今之教者處其三古之學者純乎一今之學者雜乎三古之教者處其一主而已今之教者處其三雜二氏而言也雜二氏而言豈吾所謂教乎夫聖人以神道設教二氏不與焉子以四教二氏不與焉君子之所教者五二氏不與焉契敷五教二氏不與焉太宰教典二氏不與焉師氏教以德行二氏不與焉保

氏教以六藝二氏不與焉戴經七教二氏不與焉大司徒十有二教二氏不與焉今也舉虚幻之說加之先王之教之上幾何其不害正也哉正者何也教之原也教以正則學者不能毋正猶生長於齊不能不齊言也教不正則學者不能毋不正猶生長於楚不能不楚言也是以聖人責受教者輕而責失教者重春秋隱元年書鄭伯克段於鄢傳謂譏失教也誠爲得實而未切聖輕重之旨夫段止書名而已責之何輕也鄭伯書爵書克書于鄢責之如此其詳不已重

予知此則知教矣贛州學教授籍某猶子也書來言學官舍在學宮之左自兵火以來屋纔數楹不能蔽風雨日欲加葺玩歲愒時太守郭侯下車未幾百廢具舉如籍官舍亦煥然一新材得於官用之餘復以二十萬錢資之役不及民材不經費工既訖功而官與民不病焉可書也已先是學區不加甓凡級磚之費爲緡葢以千計侯不一吝其垂意學校如此願并書之謹伐石以俟某曰予聞而廳故有記前丞相洪景伯作也景伯嘗同玉堂夜直其言不苟況其文采

之美自足以託不腐安用糞土之言固辭久之而請益力輙識其實夫教者必以正故首以六經之說許之此宜朝夕飫聞而熟講也進其厭飫者祗益愧耳然不得不盡夫五教本於百姓不親五品不遜則以人倫爲首七教以父子爲先賓客爲後亦造端於人倫焉十二教始於教敬教遜敬則孝也遜則弟也孝弟人倫之本風教之原孰有大於此者乎孟軻氏有云學則三代共之皆所以明人倫也其至言哉吾子勉之吾子奉親朝夕供子職不懈益敬此誠所謂以

身教者若夫靡費之文絺繪之章琱琢之學駢儷之句殆非學者先務秦穆貟然之戒深且切矣乾道柔兆閹茂中元日記

秀野堂記

清江之新塗楊君圖南年未及衰已爲莬裘計薌林向公名其堂曰秀野取東坡詩所謂花竹秀而野者也隆興甲申秋走書錢塘謂某其爲我記之予時方進讀邇英未遑也明年予以讒罷歸廬陵圖南復來速記偶葺敝廬又不果作明年書來不已且抵書家弟從周請益力予屬負茲固辭弗獲乃書其始末以諗之曰子知薌林命堂之意乎夫花竹秀而野迂叟獨樂園詩也夫迂叟豈以花竹爲哉薌林之命此堂

也亦豈花竹云乎哉知薌林之意則居斯堂也能獨樂乎不知薌林之意則居斯堂也能無歉乎或曰迂叟豈可幾及先生之言不已誇乎予曰不然顏淵有曰舜何人也予何人也有爲者亦若是古之君子信道篤而尊己今之君子信道不篤而卑己尊己則與道進退其處也樂堯舜之道其出也行堯舜之道謂迂叟不可幾及者妄也卑己則進退遠道其處也假嵩山爲捷徑其出也附伾文以速化謂迂叟爲可幾及者又大妄也圖南倘有意於是哉予既諗之又擬

離騷以鍵其志其辭曰邈勳華之蕩蕩兮騁良樂以取道喟共和之蹇嵯兮惟皇途之蓁穢夫使吾詭馭兮無寧謂我未知所税吾固懷此黽釆兮又重之以姱質睨霜傑以礪操兮蘓栝栢以爲蓋春搴岩之古藤兮秋擷窮崖之寠數扈柟梓與豫章兮離行楸以栱櫝幾干霄而可材兮曾雪雹之不赦空落落而莫與兮時冉冉其弗待且杷寒塘之竹露兮夕獵氷谷之松風檻宿莽之勁節兮紉竹輿以爲容揆吾衷其信修以潔芳兮長坎壈以何傷顧狙智之猥巧兮偕

衡石而倒置撓砥矢以隨枉兮競尾合以干媚謇戍削徒永歎矣獨落魄乎茲世也寧九世而胥靡兮吾不忍爲此態也歲忽忽以馳騁兮神飛越而足留栝栢攺而失操兮蹇松櫝之爲蕭昔何爲而勁特兮茲直委於管蒯於何歸咎兮莫砥名節之故顧松栢其猶爾兮毋尤乎葦葭與蒿艾吾質挺挺而莫揉兮歷萬變其獨厲枝正信以戶已兮復篤言兮焉俟修袀服以自澡兮身泉石而情君樂吾所而無悶兮得無意於斯民乾道柔兆閹茂五月記

頤齋記

潯江舉子陸生南金名其齋曰頤而乞記於澹庵老人胡某老人以文肆質𪗋固辭久之則許之曰頤之字見於書禮易雜出於傳記有曰頤中有物曰噬嗑者有曰山下有雷頤者有曰百年曰期頤者有曰期頤稱道不倦者有說詩解頤者有搘頤待月者有金錐控頤者有長劍拄頤者有頤隱於臍者有頷頤拜相者有爲大儒名頤者有爲循吏名敦頤者有爲輿州取頤名堂者有以洪頤名旂者生將稽噬嗑之彖

乎抑取山雷之象乎將爲百年之期乎抑欲稱道不倦乎將說詩以解乎抑待月以搘乎將金椎以控乎抑長劍以拄乎將隱於臍乎抑頷以取相乎將慕大儒乎抑欲效循吏乎將睎輿方之堂乎抑慕甘泉之旂乎陸曰唯唯否否不然吾志在學易而已然則噬嗑頤皆頤也生獨取頤何曰觀在養也蒙蠱大畜井鼎皆有養義獨觀頤養何也曰頤上下二陽中包四陰上止而下動外實而中虛人頤之象初以陽居動體而上應乎四悅所欲而朶頤者也心一動而朶頤

則其自失必矣故首戒以養正則吉與諸卦之養異矣蒙亦養正與此不同何也蒙養其正是已正也頤養以正蓋不正也已正乃作聖之功未正則不可一日忘其所以養源者故又戒之曰亦不足貴也夫九以剛明之才爲可貴也貴乎剛者爲其不屈於欲貴乎明者爲其見善而不失其正反是則不足貴矣生乎勉之生嘗舉進士試禮部云乾道巳丑清和記

惠佑廟路寢記

某幼側聞螺城佳山水而城之南隅有所謂神岡者尤卓詭斬絶後得唐人記南城鳴鳳中曲江縣開國彭城劉侯竺嘗牧廬陵而死遺愛在民廟食此山飛甍巋然張平子所謂託喬基於山岡直墆霓以高居竊欲往拜山椒且快臨觀之勝宦遊北南莫適所願紹興壬午以狂瞽斥閫幕需次於里謂當修敬祠下而屏居念愆又弗克往有頃之官三山獲郵投嶺海越兩星終始内徙合江又累歲乃得歸田道神岡擕

拏敬欵屏攝有喟於旁者曰向焉複閣霞爛往往變爲敗壁月剥向焉綺疏璇題往往變爲蠹歷蛛網向焉雕几石碣往往變爲野草荒煙某太息久之恨至之晚聖人龍飛召某赴闕舟次太平渡復謁焉拜揖而去初不敢招梗也甲申冬虜騎長征犬牙淮甸某自前行少常伯被旨總戎淮浙海道舟師濟河虜一夕遁議者謂必有陰相如鍾山之神者亡幾何某以讒罷來歸首造其庭則輪奐一新疇昔敗壁月剥一變爲複閣霞爛矣疇昔蠹歷蛛網一變爲綺疏璇題

矣疇昔野草荒煙一變爲雕凡玉碣矣訪諸祝史則參政董公元德實經其始新監建康府户部大軍庫易君致恭益加撲斲又新作路寢椎輪於隆興甲申之春至乾道丙戌冬乃克就焉仰攀橑而捫天郡人縱觀歎息咸曰生我者父母活我者神也易君其知肅神矣某之甥舉子羅尚志曾濤時在旁合辭言曰是不可不紀且易君有請亦既浹月言可已乎某曰自侯蒸嘗於鳴鳳年迄今不知閱幾百寒暑凡所以較德焯勲者有李唐咸通進士蕭黄中之記有南唐

保太進士羅寅之記有左貂徐鉉稽神之録有國朝天聖監郡蔣堂之碑有宣和惠佑廟之勅有紹興改封嘉應侯之詔莫不咸在顧骫骳之文能加毫末於斯乎二甥請益力遂書以識且擬楚辭九歌以遺靈俾歲時歌以祀焉辭曰諏日兮惟良穆將曄兮神光握青萍兮閃閃璆琳琅兮鏘鏘瓔席兮瑊瑱盍紉佩兮潔芳蘭齒蒸兮薰馨瀴藤樽兮桂漿鳴球兮鼓瑟絃疏越兮登歌發潛德兮彌彰靈蹁躚兮屢舞芳芬芬兮葯房音冷然兮互奏侯洋洋兮降康乾道著雍

困敦五月朔具官胡某記

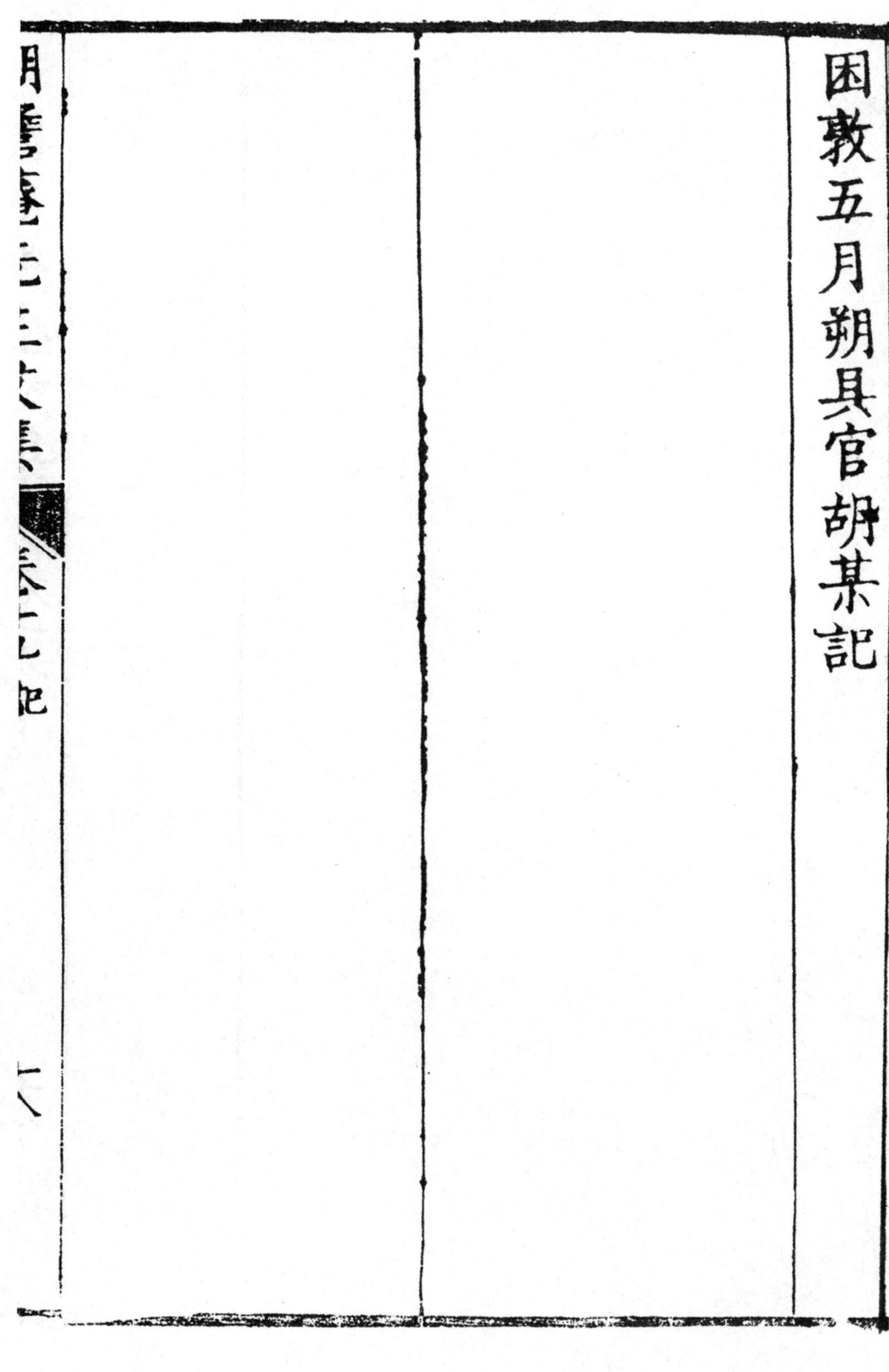

胡澹庵先生文集卷

敦復齋記

言有近而指遠若春秋文見於此而義起於彼者是爲指遠易之爲書卦有上下二體謂本卦之體也二體以相應爲義又有取他卦之體相應者先儒雖無明文以意推先天之學理或然耳夫復卦二體相應學易者皆知之至於小畜相應則先儒未嘗言也夫小畜下體乾復上體坤相應故小畜初九復自道吉九二牽復吉與復六四中行獨復以從道也六五敦復無悔中以自考也義甚相類至於小畜九三不能

自復復上六迷而不復事又不殊蓋乾三以處下卦之上故不能自復坤上以處上卦之上故迷而不復惟乾之二牽復吉坤之五敦復無悔二與五皆得中故也其牽復也象言中不自失其敦復也象言中以自考然則敦復之中其本於牽復之中與復之彖曰復其見天地之心乎夫卦體有坤無乾云天地之心者兼小畜而言也是謂文見於此而起義在彼故曰言有近而指遠不其然乎左朝散郎直秘閣荊湖南路轉運判官陳侯從古希顏學問文章凜凜有了翁

家法於其里之故居讀書齋名曰敦復自長沙不遠千里抵書廬陵謂予記之且寄示左司張欽夫之銘顧予朽拙安敢斐然措辭然亦不敢但已輒擬欽夫之銘以飾其説夫銘固善矣惜其止論本卦而不及小畜故并論二卦蓋期希顏以牽復之去登金門上玉堂朝夕論思以拾遺補闕不止無悔而止也紹興辛巳某嘗走二水請益於故丞相魏國張公先生館某於讀易堂因公讀易之味公曰人莫不飲食也鮮能知味也熟讀當自知之今十有二年矣乃知誠有

味其言之也敢併以爲獻退之有言不以頌而以規
予亦云乾道壬辰記

王山輔順廟記

世傳晉永嘉中有王君諱子瑶字太學者漢王喬之裔也嘗慕神仙術自玉笥山道廬陵抵泰和樂其山水隱居凡四十有八年莫知其所終人相聞以爲仙去然竟叵測也至唐貞觀間又有匡君智者長安人棄妻子脱屣軒冕慕王瑶之爲人其兄子徃依之吸風餐露攻苦食淡者久之人亦莫知其所終里人揑塑爲像祠之水旱有禱輒應是山古今多題識惟邑人劉敏求四詩爲得其實輒錄以示後琉璃宫闕今

何處玉洞年年鎖烟霧古人蹤跡杳難尋只有青山色如故青山崒嵂摩斗魁丹井星壇疊翠苔玉龍經歲睡初起但覺噫欠興雲雷昔日真人何淡薄蟬脫人間軒冕樂忽乘風馭知幾年至今不見雙飛鶴我辭塵網到仙家馬蹄踏破雲路賒何時功名勒鍾鼎來伴羽衣餐紫霞此一詩也霞裾玉珮去飄飄控鶴仙人不可招誰信嶺頭岩石畔分明一路透丹霄此二詩也鍊丹人去事旋空丹井猶存第二峰但怪井乾失雙鯉不知雙鯉化爲龍此三詩也壇邊馮翼一

墳孤傳葬衣冠知有無英氣不隨世埋沒長爲霖雨濟焦枯此四詩也薄當作泊濟當作澤乃佳予既録其詩又擬楚辭以遺祝人俾歌以祀焉秋蘭兮菊英騈滋兮階所紫莖兮翠蕤播野馨兮襲蘊秋芳兮菲菲緑骨兮素枝高堂兮百增靈之居兮巍巍紫室兮蓀壁疏芳椒兮盈户橑蘭兮桂楣擗蕙櫋兮葯廉網杜蘅兮爲綢葺芰製兮彌彰瓊靡兮爲飾繚枝兮並房萃衆藹兮實庭岌菹葺兮崒雲百神繽兮輻輳靈之歆兮苾芬潔予薦兮寒泉澤予民兮甘霔搴溪毛

兮杜若將以答兮恩潸

淮西江東總領題名記

乾道庚寅某備數起部亞卿識錢塘單公於民曹郎淳熙改元之春某偶至秣陵公適總餉於此又獲經從越明年秋九月公謂某題名有記古也而總領所獨闕其敢以請既辭不獲則敬對曰諾謹按唐史劉晏能總大體又領鹽鐵度支等使則總領云者其來尚矣於文總爲緵義同而字異書皆作總而詩多作緵惟羔羊長發作總而長發詩陸德明云一作緵然則羔羊詩義益可知矣春秋左氏與詩同周官戴記

及諸史與晉同然壓人總布則讀爲鼓儳之儳而漢
宣紀總乃作綜許侍中說文亦然又不可一槩論矣
大要總之爲義如總攬權綱柄不下移如總核名實
官無妄授如總方畧必一統類如總憲度必植風聲
如總鎮然覘謐無譁如總干然執持不撓此𦵏命官
之本意國朝自紹興癸丑始設是官以藏諸路軍實
庚申夏又加專一報發御前軍馬文字其任益重尋
有旨淮西江東依舊置司秣陵惟是重兵留戍倍於
臨淄庚癸浩穰過於首山自非瓌瑋出羣之才莫勝

其任公下車之初視簿書紛如絲視緐冠鬈卷如雲積弊搶攘一旦洗削更革用人各因其才馭吏嚴而不苛曾不踰時食足財阜政以辦閒而不擾雖管氏輕重李悝平糴洪羊均輸壽昌常平士安低昂未能遠過無幾何璽書自天賜三品服復除大司農恩寵有加赫然驚人仰惟聖人勵精責實名器不假嚴於譏狀公之遷也公論浩然稱允或問其食貨必本於八政豈財必本於七德何也曰孟子不云乎無政事則財用不足是食貨以政爲本班固論易何以聚人曰

財必原於天地之大德是豐財以德爲本今也貫朽
粟陳有若元先之閒可以觀政矣士飽而歌馬騰於
槽有若退之之咏可以觀德矣向來諸公滾滾登要
津盡由此塗出吾知公去是而儀天朝也有日矣噫
晉城濮之師至盛矣食闕而館楚軍之穀霍驃騎漢
良將矣餘肉而士有菜色史氏尚稱其能矧茲軍資
之贏足而根本關中富强河内以濟大業而不刻之
堅珉是大闕典遂書以識又閱籍得爲是職也若干
人且并刻焉時九月十九日龍圖閣學士承議郎提

舉江州太平興國官胡某記

朝斗記

紹興十二年七月十三日旨以某前不合言事除名竄新州單騎就道十月抵竄所明年正月聞廬陵寇作連日憂駭不知所爲遂作念拜北斗以二月庚申拜奠是夕偶陰欲雨酌茗焚香密禱空中若親聞無虞室家全安某若無所負者願少霽須臾清風颯爽陰雲當北斗間劃開環域皆露達旦無纖毫蔽遮見者咸以爲此退之衡山之祥也謹拜手書其事且書一通以遺惠州天慶觀道士沖和眞靜大師羅虛中

集道澹叟胡棊記

卷十九畢

胡澹庵先生文集卷二十

宜川後學符乘龍斯萬　校閱

宋廬陵胡銓著

鍾蘭映奎　紹虞賡文

嗣孫

澐龍篆　廷棟騎屋

定靜園　近仁元長　編輯

逢盛亮釆　值夏道院　永陽院背　仝訂

疏

會慶節功德疏七章

伏以帝方立于元符瑞鳦之祥天下歸仁自享延鴻

之壽剏難際會嘗得遂旒不憑佛老之因曷致毫釐之效伏願皇帝陛下應期出震如日方升福同南山之不騫錫帝齡之無算度比北辰之居所齊天壽之有　普及含生永均介福

又

以瑞鳦發祥商頌深明於立子火烏薦禮仲尼興歎於有鄰敢憑蟻蛭之誠仰扣龍天之會伏願皇帝陛下德涵東海屹若北辰之不移壽等南山何止西方之無量

又

西方無量佛梵說謂可以延年南極有明星道家云必能却老豈知膚算自與天齊伏願皇帝陛下壽過仙驥之長生心契神龍之不殺自然休符之應非專釋老之因九齡鑑號千秋孰與八千秋之永而漢觴稱萬歲曷如三萬歲之長

又

靜而延年契玉帝長生之訣慈故能久同金仙不壞之身孰識聖仁自齊天壽伏願皇帝陛下受天之祿

如日之升萬福是膺叶南山不虧之咏億齡在御等西方無量之因

又

延壽菩薩現古佛於西方長生帝君粲老人於南極曷如睿算自與天齊伏願皇帝陛下益洽德以好生示神武之不殺自然天人之應非專釋老之因豈但千百億身永享無量之壽固異三百萬歲聿臻有道之長

又

九州共貫莫不仰吾君仁四海一心咸願祝聖人壽
矧佛老有皈誠之法而臣隣懷報德之私敢緣清淨
之因少致涓涘之效伏願皇帝陛下盛德敷天之下
重明如日之中泰山神呼萬歲者三是舉三萬以爲
壽也洪範傳陳五福於九盔明九五可以當之仰冀
神休永爲民極

又

上帝降祥邁商頌有娀之㱁至神間世符周書無逸
之龜顧惟微臣嘗叨法從不伏龍天之會曷攄螻蟻

　

之誠伏願皇帝陛下如日之升後天不老惟老子之
書爲千言者五未明道德之隆彼貝多之文呼萬歲
者三莫擬椿松之壽

新州請思老開堂疏

淨毗耶世界還在極樂國中兜率陀天宮是爲最上乘處不假演說孰明肯歸思老禪師披如來衣食伊蒲饌要識個出世法怕與做在家僧面前萬丈氣浮圖且須定着眼看飯中五百錢菱角除是大開口吞偏悟入佛印燒猪巳參透遠公沽酒嘗聞被天女戲也曾有半點一班見說會老婆禪好喫取十三八捧本非有意到處逢場朽索游絲縛得白額虎兒真可笑紅爐凍雪打就金毛獅子也堪疑快便難逢當仁

莫讓雖則東坡有語道高還在不開堂然而西寺無聊飯飽不妨閑問話

吉陽軍請報恩長老開堂疏

當來一千二百功如何舉似昨夜八萬四千偈作麼證明須無舌人與瓦礫說譬若響泉韻磬非妙指而不揚流水高山俟知音而後喻長老上人早持僧律晚選佛科鷙鳥也爲鳳鳴狼頭忽戴麟角巴蛇呑象三年覺忒殺憨癡黒蟻旋磨千里迷政須喚醒而乃埋迷鏟彩枯木死灰直與樵纖子同歸必遣明眼人覷破況朱崖古郡不妨掉臂閑行而寶刹名藍何害逢場作戲海大也須爲彼岸勿避當行道高還在不

開堂莫作是念好施法雨少慰望霓若令胷次猛虎
調會見定中獅子吼狐奴白牯從他鼻孔撩天騎馬
乘船莫自眼花落井

祥符長老妙符開堂疏

海大也須爲彼岸安得愁然道高還在不開堂徒虛語耳豈不以世間褦襶子初不識天上海潮音必有當仁以爲普覺苟不能舉揚般若演妙法於最上乘則何以開示刹那曉羣迷於第一義符公長老禪師叢林丹鳳衆角一麟蓋老隆法嗣之横枝得圓悟心傳之密記倒用魔印追鬼兵於藕絲孔中直入鯨淵取驪珠于毒龍頷下給孤園講堂清淨要觀色法聲法香法味法之空祇陁林戶牖豁開請別我相人相

　

衆相壽相之異願聞二覺求契八還便是無上菩提

莫認有中著相

朱陵觀請莊冲靖升講疏

巴蚍吞象幾年迷似適秦而首北黑蟻旋磨千里錯期識路者指南也須胸次猛虎降方慣空中獅子座知觀講師芻狗方物尊俎千峯流瀣當餐雲泉作供尾鮮癡賊域壁風行妖孽稠林動則萬緣俱赴如谷裏聲止則一物不留如波裏月小兒未緣玉局蹋大家且看寶珠懸莫止錦被裏蒙頭要爲土偶人開口鼠蔴糞壤即是道場枯木寒灰不妨獨笑誰爲玉珠無當那知尾生鳴雷願開老子五千言上視聖人三

萬歲

淨照住庵疏（淨照能施藥降虎人有被虎傷者照以擬擊之而免）

欲服猛虎先降自心李將軍射而不疑焉知是石楊柱國騎而不下笑殺傍人若聞淨照家風嘗取腦門着地然談何容易行之惟艱巴蛇吞巨象於廣莫山中氣先食象金翅取毒龍於生死海底威早降龍要如食鐵石人莫似彼褦襶子

吉陽軍勸諭修學疏

其伏自視事攸始欵謁先聖竊見殿宇卑陋堂室荒蕪欲一新之未能今衆學職鋭然請表帥郡人張大其制某亦忻然割俸效韓潮州勸諭修學故事故茲疏示各宜勉力

又

伏以魯論雖取於卑宫羲易特明於隆棟况此詩書之圃實爲教化之關不崇高則無以稱數仞之墻不壯大則何以昭百世之祀一新其制衆力是資出俸

百千敢庶幾於潮守改爲十像請矜式于鄒侯倘推
教子之誠共廣育才之地豈特一時之壯觀永爲千
古之宏規庶寛州縣之徒勞無負朝廷之善養

曾德輝造居疏

蝸移舍逐身詩人愛其巧於自營至秸鞠不自巢而乃以爲有德蓋有德者宜居天下之廣居雖不自巢可也德輝泡轉兵火間欲歸故鄉而環堵無有也其視天水牛則已拙欲如秸鞠則勢有不可使杜子美在當復有大庇寒士之歎矣人曰何不學顏子安陋巷此殆不識痛癢者從旁論砭疽耳其勞亦難恐哉

盧陵胡荼書

鄧子充疏語

子充有泉亭之役幾困於無資正賴長厚者一引手援之自罷所舉不可謂今無古人敢書以叩

鄧元直疏語

納勑免解進士鄧侯元直學海老龍儒林威鳳青冥一跌卧病五年藥物之資竭矣甘毳之奉缺矣民罔不盡慭傷心况吾儕乎其流落許時契然莫助甚乖疾病相扶之義敢書幅幅以告氣同而道合者少加意焉亦仁之方也已

元舉兄疏語

兄弟有通財之義宗族無尋斧之傷茍或急難其忍坐視元舉兄出三十五叔父遺墨以告貧瘠爲之流涕

劉唐叟疏語

蓬華素寒浸說擾龍之裔藜羹不糁誰憐釆鼇之饑顧何異翳桑又必有哀王孫者仁人君子幸垂聽焉

鄧茂卿抄題試卷疏

白戰不持鐵半寸徒聞其言青天化爲紙一張寧有

是理故善事必先利器而待時須有鎡基況當三歲之科競進一鳴之技雖未破少陵之萬卷能不受夔州之百番軸豈待於牙籤展何殊於玉版下筆似聞於食葉獨掃千軍揮毫爭看於如雲在茲一舉

林山人抄題命書疏

市中賣卜雖不逮於君平海上乘槎恐或逢於博望試憑賤技聊訪異人勿謂非九方皐亦曾識千里駿且書半紀何如一笑費千金若述平生也勝萬錢沽斗酒

王復山人抄題命書疏

言命有如言仁言何容易知生必須知死知亦惟艱要如僂句之不欺定假研幾之妙算倘書一紀勿吝千錢

值夏修廟疏

伏以祭神如神在非假廟則神何以依好仁則仁興非施財則仁何以見欲一新於廟像宜勿吝於貨泉必有當仁共成勝事

靈護廟塑神像疏

誇土偶之神靈事雖莫考謂泥多而佛大理亦不誣
倘廟貌之弗嚴則人心之曷肅況靈護地主威顯侯
封蓋一方水旱之司繫千里安危之寄而僅存孱攝
久廢裝嚴蕭然上風旁雨紛若蛛絲煤尾欲一新於
捏素殊倍費於丹青重念春耕夏耘當知雨露之力
豐年樂歲敢忘飽煖之恩知恩須索報恩惜力無如
竭力共成勝事廣種福田見善從善登宜莫先於樂
施祭神如神在無以過於推誠

蕭駐泊修三塔疏

俚俗死則焚柩棄骨於江司馬公云此西羌法惡矣駐泊蕭郎中惻然愍之募鄉豪作三浮屠以爲之藏可謂彼善於此當有側金竭力者

伏以苦海無邊遺骸可憫取彼江魚之腹藏之塔鴿之場考以三周雖有䙡蔞翣敢塗之義揜之四令蓋庶幾掩骼埋胔之言不假羣豪曷成勝事

舍步修泗州閣疏

地名舍步江面濶遠渡水者多溺衆議欲造泗州佛

閣以拯救者

伏以佛號泗州靈通三界自謂西方無量嘗與東坡有緣鉢咒降龍亦能伏水中之虎錫飛近鶴宜不驚杯渡之鷗欲假慈航當崇寶閣要勿吝蝇頭之利庶興哀魚腹之人

蓮華寺修造疏

如來燒亦盡只有一羣僧嘗聞其言今睹斯事誰刻堂前一丈草動是荆榛風捲屋上三重茅難安燕雀要見烟生碧瓦除非血染青凫且莫笑火裏蓮花也須念雨中泥佛

蓮華寺修藏疏

一法輪持世界得非東坡老子萬里有情風重重香海現蓮華莫是西方幻人八埏無書藏若須常轉便請破慳

蓮華寺重修造疏

清涼寶山眷屬萬人之常在金色世界龍天八部之同居正如月住虛空謾道佛湏塔廟然而真智無方則一塵滅幻緣有在則三界瞻況如來適當盡焚在衆生故應作禮我是以收之煨燼加以莊嚴焚其廬而火其書已是遭陀毒手皈依佛而皈依法更願拯我頹風一切見聞大家迴向

西峯寺修寢堂疏

大凡興張造設有成則必有虧不聞爛敗虛空無作故亦無壞胡爲空門氏却泥實相觀破寢堂何必增修任大廈終須朽蠹設欲聚天下寶做鐵門限除不死底南極老人借雲間月照金巨羅恐笑殺他東坡居士然而龍宫何有尚能架璜臺九成蜃氣本空也解起飛樓百尺我漫説逢場戲君休言無當卮倘解慳囊請書願字

新州開元寺修鐘樓疏

掩耳以盜小入謂天爲可欺欲覺而開大士觀心而發省所以建萬石之簴撞千石之鐘架層樓之九成岌飛簷之百尺金鷄啓唱遼空大闡於真風玉兎將升明暗共驚於逸韵以發聾俗是爲覺音莫誇蟯蜋作振牀聲徒爲亂聽要看觳觫而過堂下亦可觀仁

朱陵觀修藏疏

藏室爲蓬萊山言聞老氏風輪觀蓮花海笑殺瞿曇漫云平地涌出蚩尤誰見飛天虛空寶相要看奇觀須破慳囊未成先已見其成不轉也須推使轉

朱陵觀修凌雲閣疏

山浮雲以嶕嶢楊子叱翠虬之虛舉臺凌風而縹緲何遯吟白雲之輕飄會風雲於清絶之岑儕真仙於幽閒之閣成茲勝概必有當仁願破慳澁囊要驚冥兀眼

大霄觀修造疏

大霄觀日益荒落向緣盗賊時起土木蓋未暇年來桴鼓稀鳴人皆有室屋避寒暑燥濕而高真所廬不能蔽風雨神弗顧享況今歲仍太和全家飽煖職神

之惠乃闕然屏攝之奉神雖不出靈响爾寧不愧於
心乎謹募衆豪同辦茲事

太霄觀修殿疏

殿乃吾祖作族人當共出力修之
父析薪其子弗克負荷魯史所誅考作室厥子乃不
肯堂周書攸戒每慙卑室久瀆高真況前代之規模
其來甚遠宜後昆之率履可不欽承要識個木作天
何必玉真公主如欲見錢流地豈假銀衣道人自有
當仁能辦茲事

太和觀修造疏

漢家離宮三十六不到人間杜陵廣厦千萬間何曾夢見每慚卑室久瀆高真要識個木作天安得金仙公主如欲見錢流地除是銀衣道人必有當仁能辦玆事

永興觀修造疏

道家本出清虛初無住着破屋也憂風雨正賴增修必有善人共成勝槩

玉笥山抄題度牒疏

加獮猴以楚人之冠韓生巳笑衣猿狙以周公之服漢吏嘗譏萬古千辛一簪半褐蓋挑經甚於挑戰而選道難於選仙豈惟道德經五千言淵泫汗漫復有虫尤廬數萬卷佶屈聱牙既不能一覽無遺若李弘之精又弗克五行並下如應奉之敏若云黃衣道士四問而四不知但須白水真人萬選而萬必中敢陳丹懇願結清緣誓修香火之勤聊効涓埃之報

智度寺抄題度牒疏

選佛莫難選僧挑經有甚挑戰紛若剎那之語雜然黏湛之言豈惟五千六百卷書淵泓汗漫復有八萬四千餘偈佶屈聱牙既不能一覽無遺如李弘之精又不能五行並下若應奉之敏徒唇腐而齒落殆童習而白紛若言金剛經三藐三菩提何嘗夢見只有青銅錢萬選萬必中不俟他求願發大慈共成勝事

智度寺乞米疏

遠出玉關之險探猛虎於萬里穴中全提金翅之威

取毒龍於千仞海底須要得恁麼手方能破慳澁囊況欲發樂施心豈不是大難事雖云不耕而食寧弗愧於素餐與其數米而炊亦何慚於仰哺非敢望露積庾但願見雪翻匙必有當仁副茲情懇

青原山抄題買田疏二章

倒用魔印追大兵於藕絲孔中直入鯨淵取明珠於驪龍頷下須得恁麼手段乃可遣化十方諄上人乘出世航得摩頂記不但傍家行脚也能度嶺求田叅透李老飯山會得廬陵米價要養千百閑漢笑殺涪翁歲取一萬良田謾談周雅可憐開口仰哺有如逢麯流涎拄杖芒鞋横担好去怕渠囊澁儘從牛鼻撩天如見泉流骨取佛頭著地

又

厨乏芳飧多誤食時持鉢僧有菜色率常齋後聞鐘何曾螺化爲炊動輙魚生於釜敢垂涎於白餐徒夢寐於黄粱念一飽之無時遍十方而請命要託心地廣開福田倘種德之弗深則爲仁而不熟惟諸檀越發大慈悲少不嫌貧女一錢多勿吝給孤側布我欲深耕易耨令居者有積倉刈莽披榛使世間無寸草一視青原界盡爲白莊望稻有麞牙黍多薦鵠飽少陵翻匙之雪餐浩翁亂眼之雲必有當仁能辦兹事一犂春雨且剩買埧裹黑牡丹萬頃黄雲不易喫飯

中鉄菱角

衢州報恩寺結夏䟽

公孫衍口解談天何曾識飽梵鉢提舌能知味豈免常饑況當結夏之辰正乏伊蒲之饌如猛虎在檻徒摇尾以乞憐而沐猴坐禪空垂涎而待哺念三餐而未慨思一飽之何時既未能鑿井以耕田又豈解吸風而飲露雖云口挂壁是本分家風然而腸轉雷亦難甘蔬蔔若言清供但一味水養石菖蒲餓殺貧僧欠五百飯中鉄菱角

胡濙庵先生文集　卷二十

朱陵觀抄題本命經跋

道家者有所謂本命延生經或曰經可以延生毋乃幾於不知命也是大不然東坡子曰知命者必盡人事然後理足而無憾人之有生必有死譬如國之有興必有亡也雖知其然而君子之養身也凡可以久生而緩死者無不用其治國也凡可以存存而救亡者靡不爲至於無可奈何然後已此之謂知命然則是經也其亦久生而緩死者之一助乎余故表而出之以爲延生者勸

卷二十畢

胡澹庵先生文集二十一

宜川後學符乘龍斯萬 校閱

宋廬陵胡銓著 鍾蘭映奎 紹虞膚文

嗣孫 澐龍篆 廷棟騎屋 編輯

定靜園 近仁元長

逢盛亮釆 值夏道院 永陽院背 仝訂

詩

題崖州洗兵亭

一帶清波六月涼洗心安用挽天塘哥舒自愧血貫

箭子美宜歌苔卧鎗玉壘壓清閑擂鼓玳筵人好細流觴澹庵臨水空惆悵洛水凌波見未嘗

次雷州和朱彧秀才韻時欲渡海

何人着眼覷征驂頼有新詩作指南螺髻層層明晚照蜃樓隱隱倚晴嵐仲連蹈海齊虚語魯叟乘桴亦謾談爭似澹庵乘興往銀山千疊酒微酣

和林和靖先生梅韻

感時濔洟幾時乾顧影伶俜獨立難自恐節孤無與對誰憐族冷不勝寒未應一世供愁斷長願三更秉

燭看雨過花邊行更好猶嫌子美借銀鞍
風亭小立夢初殘步步凌空對廣寒照眼雙明清可
掬閑情一味淡相看曉縈瑞霧黏初潤晴映高雲㬎
未乾三嗅臨風思無限蘂宮遥夜酒初闌
瘦吟幽玩有餘妍更向高人獨樂園無垢未應經露
沐不緇寧信受塵昏春風自識明妃面夜雨能清吏
部魂揷向膽瓶看更好凛如明月薦靁樽
一年佳處早梅時鉤引清風巧釣詩未分霜凌禁瘦
朶漸看春入柰愁枝晚尤奇特憐無伴夜更分明不

可私冷落更須憑酒煖從今鄒律未消吹
紛紛紅紫勿相猜自古騷人酷嗜梅皂蓋折花憐老
杜黄梅時雨憶方回一生桼凍天憐惜滿世趨炎我
獨來桃李爭春身老大意須吟醉莫停杯

和張慶符題予作清江引畱

痛飲從來別有腸酒酣落筆掃滄浪如今却怕風波
惡莫畫清江畫醉鄉
何人半醉眼花昏畫出江南烟雨村滿世庾塵遮不
得聊將醉墨洗乾坤

次張伯麟慶符

回首渾如一夢中毎思吳越意清通雲間別嶺千層碧日落西湖一抹紅上竺留題陳跡在孤山遊賞故人空莫將句攬幽人思我輩緣詩正坐窮

答友人

竹間野服情意疎細爇沉水開黃庭秋風忽作世情冷山色似慙君眼青

除夜次慶符

白髮無端苦見尋十年孤負醉花陰可憐獨鶴遠浮

海未羨昏鴉長洋林醉眠天末烟雨夜夢遶江南風

雪襟一杯遥祝壽慈毋清風不改舊時心

予戲作水墨四紙張慶符有詩因用其韻

姑熟先生方遣化饑食饞涎飡餅畫信知詩必窮乃

工忍窮誰復如公者崎嶇我已羈江湖樓肩如我世

恐無從來畫亦窮乃妙兩窮相值真堪吁平生笑坡

誇四板只愛丹清非道眼豈如淡墨出天然雪欲來

時水雲晚先生一見輒傾倒回觀濁世秋毫小不須

更羨釣魚翁已自超然遊漢表

乾道三年九月宴罷

晚年種德聽和鑾零落恩深滿菊園金鳳花殘秋欲半木樨香遠晚初寒、擬將艾製候朝綬愧把蘆芽易釣竿早與君王乞歸去壯途方險戰於鞍

萬古雲霄一鳳鸞歸來蓬島月光團平生忠義心中許要使奸雄膽上寒玉露鳴鑾隨儀仗金鳳銜赦下長干天顔催賜黄花酒笑指是翁能據鞍

哭趙公鼎

以身去國故求死抗疏犯顔今獨難閣下特書三姓

在海南惟見兩翁還一坵孤塚寄瓊島千古高名屹
太山天地只因慳一老中原何日復三關

辭朝

不踏金堤漸築沙却尋寂寞紫雲家一春絃管花間
鳥半夜笙歌水底蛙榮瘁安時猶竹栢行藏有待豈
匏瓜獨醒正渴杯中物薄薄柴茅亦勝茶

家訓有序

淳熙庚子四月日詔加資政殿學士致仕是月之望告之祖考會諸姻親暮景至此不亦樂乎頃年經筵嘗玉音曰祖宗創門户之艱難未有不自子孫不肖破之朕今保太祖之國家亦猶卿子孫他日保卿家門户也有感於兹斐然縱成古律一通以訓予之子孫者願世世子孫努力云

悲哉爲儒者力學不知疲觀書眼欲暗秉筆手生胝無衣兒號寒絶糧妻啼饑文思苦冥搜形容長枯羸

俯仰多迍邅多受胯下欺十舉方一第雙鬢已如絲
丈夫老且病焉用富貴爲可憐少壯日適在貧賤時
沉沉朱門宅中有乳臭兒狀貌如婦人光瑩膏粱肌
襁褓襲世爵門承勳戚入前庭列嬖僕出入相追隨
千金辦月廩萬錢供賞入後堂擁姝姬早夜同笑嬉
錯落開珠翠艷輝沃膏腊糚飾及膺犬繪綵至薔薇
青春付杯酒白日消枰棋守倖還酒債堆金選娥眉
朝從博徒飲暮赴娼樓期逢人說門閥樂性雅珍奇
絃歌恣娛燕繒綺飾容儀田園日朘削戶門日傾隳

聲色遊戲外無餘亦無知帝王是何物孔孟果爲誰
咄哉驕矜子於世奚所裨不思厥祖父亦曾寒士悲
辛苦擢官仕錙銖積家基期汝長富貴豈意遽相衰
儒生反堅耐貴游多流離興亡等一瞬焉須嗟而悲
吾宗二百年相承惟禮詩吾蚤仕天京聲聞已四馳
樞庭草囊封琅玕肝膽披但知尊天王焉能臣戎夷
新州席未煖珠崖早窮羈輙作賈生哭謾興梁士噫
仗節擬蘇武賡騷師纍纍龍飛覩大人忽詔衡陽移
帝曰爾胡銓無事久棲遲生還天所相直諒時所推

更當勉初志用爲朕倚毗一月便十遷取官如摘髭
記言立螭坳講幄座龍帷草麻賜蓮炬陟爵銜金巵
巡邉輒開府御筆親標旗精兵三十萬指顧勞呵麾
聞名已宵遁奏功靖方陲歸來笳鼓競虎拜登龍墀
詔加端明職賜第江之湄自喜可佚老主上復勤思
專禮逮白屋悲非吾之宜四子還上殿擁笏腰帯垂
父子拜前後兄弟融怡愉誠由積善致玉音重奬咨
資殿尊職隆授官非由私吾位等公相吾年將期頤
立身忠孝門傳家清白規但願後世賢努力勤撑持

把戋吸明月披襟招凉飔醉墨虽欹斜是为子孙貽

卷二十一畢

胡澹菴先生文集卷二十一　詩

胡澹庵先生文集　卷二十　七

胡澹庵先生文集卷二十二

宜川後學符秉龍斯萬　校閱

宋廬陵胡銓著　鍾蘭映奎　紹虞賡文

澐龍篆　廷棟騎屋

嗣孫　定静園　近仁元長　編輯

逢盛亮釆　值夏道院　永陽院背　仝訂

青詞

禳灾青詞

上界蒼蒼宅真靈於杳默裒精炳炳通肹蠁於穹窿

當穴德之盛明適南訛之阜育聿稽玉札祇即星壇無忘疇昔之願言恭設體辰之醮事非敢祈禧祇以禳灾庶昭假於紫清用昌延於赤子

祈雨青詞二章

礎潤蒸雲卷石亦通於造化穴居知雨昆虫尚感於陰陽人患不誠天非難格倘一念之精恪將百靈之鑒知竊以四民重者農八政一曰食粢盛是出富庶從生顧惟田毛實繫民命適此愜臭之候方資甘澤之秋豈意愆陽變成蘊暑嗟稻畦之龜折憂本隴以

蝗蜚固知造物之機深亦念田家之作苦惟天地實民父母忍令赤子之啼饑況鬼神司國凶荒肯視炎飈之煽虐是敢圭日撰時滌慮齋心欵丹闕而吁帝閽走羣望而祈方社曲盡蹄盂之禱庶援溝壑之憂大旱望雲尚乏千車之救百穀仰雨願爲三日之霖

其二

旱既太甚蘊天灾之流行年或不登實人心之危懼比雖聞於灑道殆未沐於爲霖敢再投誠終期霈澤竊以運遭六氣厄值五陽偶乖洪造之和況值大軍

之後是致常暘之咎寖成藴暑之愆密雲空滿於西郊赤地將連於千里苗則槁矣巳萌不粒之憂人失職與殆有塡溝之漸踰此機會必爲饉凶心憂何但於如焚霓望實深於若渴重念田家作苦方期百穀之用成上帝至仁詎忍一物之失所是用齋心請命洗髓陳衷款丹闕之鴻濛頂睟容於香火願降無邊之澤以施不報之恩庶或收之桑榆未遂墜於塗炭

值夏衆建靈寶齋青詞

禍重於地避則莫之或知罪獲於天禱焉葢云無所聿嚴秘宇遐企高真重念蕞爾下民頑然愚慮或凌弱暴寡而忮忍非義或妬賢嫉善而殘賊不仁或躭酒色之欲而不知性命之憂或溺博弈之娛而弗顧父母之養或用水漬米甚於沈猶之飲羊或探卵覆巢無復中年之愛雖至於黷貨無厭以諂見於幽明慢神弗虔而獲戾於上下是以天未悔禍歲仍大災詩方興民莫不穀之憂史復有人死如麻之歎爰請

邃殿恭欵殊庭瞻璇極於高靈演蘂宮之秘典薦茲明潔杳達紫清冀聆鑾之潛通惟苾馨之默感庶導迓於善氣以禳却於凝陰伏願俗泰民安祥臻沴殄國益延於鳳曆世長仰於龍光萬壽無疆永享鴻龐之祐百嘉咸遂潛消螟螣之灾

邦先兄設醮青詞三章

惟天地實民父母而陰陽爲物陶鈞葢有神功是司人命伏念臣昨於首夏時適長嬴當子舍彌月之期欸天府注生之助果需洪造式遂微私無或驚於寤生終獲安於慶育敢圭穀旦少薦芹誠

其二

報應如響天無妄降之灾恐懼以修人有自新之路輙申悃愊上瀆高明伏念臣男癸孫育母魯氏昨適長嬴之候偶嬰疾疢之憂慮譴責之陰加遂戰兢而

請禱旋聞勿藥頓脫沈疴輒按科文聿修醮事所持
者狹深有愧於蹄盂受福則那庶永清於罪悔

其三

人生多故實假助於神明天道無私益不違於孝友
敢抒悃愊仰叩圓靈伏念臣相依以生惟母與弟緣
弟銓之赴召將母氏以偕行再歲王朝萬里雲水頃
者銓因言事削爵投荒一家流落以無歸千里傳聞
而甚駭念吾親之履險空勞陟屺之瞻嗟子季之獲
尤莫赴在原之急遂籲天而納懇祈集福於其身果

盡室之來還脫畏途之橫禍敢忘矜誓聊效微誠庶
香火之吉蠲格穹蒼之降鑒伏望衆真孚佑列聖垂
休庭闈長奉於旨甘手足永敦於豈弟舉門繁熾合
族安全

代設醮青詞

福善禍淫者天之道遷善遠罪者人之心以遷善之心格福善之道云何得達惟有投誠臣昨緣艱屯偶遭詿誤法嚴夏日網密秋荼雖在縲紲之中省躬非罪求脱鈎戟之下厥路無由是用稽首祈哀發心啟願庶一念之清淨洗萬刼之酸辛豈圖囬死之功果獲更生之賜敢憑香火仰答陶鈞期不入畫地之牢以無忘指天之誓

真武醮青詞

五福所以配六極倚伏無常一善可以禳千災吉凶
不僭敢傾丹臆仰瀆明神伏願臣碌碌無奇容容靡
識早竊人間之美仕濫収海内之虚聲藍縷一官差
池八稔少年多欲沉湎以自殘褊性寡容剛愎而貽
怨積爲咎厲動輙愆尤修身常恐於辱先或叛宣尼
之訓捧奠尚嗟於無後重興柳子之悲臣今洗髓致
誠齋心悔過誓捐穢德式演真風移孝爲忠少慰倚
門之鶴髮致身邑聖一清横海之鯨波無作神羞有
卬日鼓

祝文

謁先聖文

夫子沒且千百年其道之泯七八於時亦且數百年而後大闡於世厥初火於嬴秦焚以毒燎煽以虐焰天下知有秦氏而不知有吾夫子塗耳泥目黔首為愚於是有聖人焉曰漢高起鞍馬談笑而揮之救焚扶傷開廓天下始知有君臣父子夫婦長幼之道然猶詆排詩書以悖厥教不幸又黃老於文景聖道榛荒天下雖知有吾夫子而莫克尊其道元成明章浸以

寡陋又不幸而佛於晉宋齊梁魏隋之季不楊則墨不墨即老不老即佛至視吾夫子爲其師之弟子王公大人孰視以爲當然於是有聖人焉曰神堯刻削更革與天下更始至文皇而聖統始克立孔子之道尊而明中葉以降憲懿僖文又以浮屠氏敗之鳳翔之舉爲吾儒善義士至瘞竄死徙卒以不勝終昭哀之世廟祀爲隳以及於五代之季於是有聖人焉曰我太祖太宗洎吾明天子投戈息馬赫然右然蒸爲清芬流爲令風洗刷儒教於千百年汙瘢之後吾夫

子之道於是益尊嗚呼夫子其盛哉

胡澹庵先生文集卷三十二　八

代祭南嶽文

五方之帝佐天猶一相之尊喬岳之神配地實三公之象伏惟南嶽司天昭聖帝離方奠位艮體儲靈允釐南正之司妙闡赤熛之化德推真宰非惟默贊於清穹治本向明蓋亦鑒觀於下土某等夙捐穀旦共頂晬容雖塵凡不足以瀆高真然齋沐或可以事上帝仰祈洪造俯鑒微誠

祭海神文

維皇宋紹興十九年歲次己巳七月朔庚辰二十七

日丙午左奉議郎除名勒停移送吉陽軍編管胡某謹以柔毛清酒昭告於海上之神曰韓愈開衡山之雲蘇軾霽大行之霧皆緣遷謫獲助神明致雲霧之掃空見威靈之廣大某雖無狀才不逮於蘇韓昔忝登朝志頗希乎稷契偶緣國事輒犯天顏十年遠竄於炎荒萬里復投於海島念鯨波之再涉嗟颶霧之交侵願回鹿角七日之風畧借鷁首一帆之便先登彼岸無貽慈母之憂早達貶州不拂嚴君之命酒餚朘薦豊意籲諫仰冀聰明俯回歆聽尚饗

告曾祖考妣墓文

嗚呼吾曾祖生而克其家沒而福其子孫生而不克顯於時沒而假手於吾子孫以奮其時而光其家亦可以無大憾矣某於曾孫行中實爲第八人自吾曾祖洎吾祖而下以儒學登甲科者實爲第一人合族而言登進士者某則爲第三人惟厥初積累艱難吾曾祖實啟其緒吾曾祖妣其從與相之澤久而愈深仁增而益高至某而家用益昌凡我諸曾孫亦皆亹亹繼相躡而奮用以愜於我家我曾祖亦用有榮耀

焉尚克相之尚饗

祖焚黄文

維淳熙五年歲次戊戌十一月庚申朔二十一日庚辰孝孫端明殿學士朝散大夫提舉隆興府玉龍萬壽宫廬陵郡開國侯食邑一千二百户賜紫金魚袋某謹以清酌時饌昭告於祖新贈承務郎五郎府君伏以三歲一郊凡官升朝者皆得贈封其父母常也而不得贈封其祖必官常伯謂之入座乃可得也某也雖不官常伯之位而得贈封其祖則爲非常然某何人哉而蒙聖主非常之恩如此退省其由實吾祖

積行累功盛德至善所致顧何以爲報謹卜良日躬率諸孫詣墳下敬焚黄告尚饗

考焚黃文

維紹興十一年歲次辛酉二月朔庚午二十九日戊戌孝子銓左通直郎新僉書威武軍節度判官廳公事銓等敢昭告於考新贈宣教府君上之十一年秋祀恩先君實始封冢去年九月大饗凡官登朝已封贈者更與封贈先君遂自承事郎爲宣教郎嗚呼休哉一昨某備員樞屬輒抗疏摇廟堂大議削爵投遐荒雖蒙寬恩亟寢初命然某之罪大矣子有罪其親宜不及以恩而朝家尚仍故事不廢贈典蓋君天也

天之肅物雖枝葉凋落其本實滲漉雨露之潤自若也嗚呼君之待臣如此恩可謂厚甚矣不肖孤其何以報惟知寄疢自礪永堅初節以無忘天子之休命萬有一得行所學身立而名揚先君亦永有榮耀焉有如以道狥人玩禄怙寵碩頓無耻先君雖一歲九遷其官豈惟不肖孤之羞實九原之羞謹以柔毛嘉薦醴齋虔告墓下尚饗

維乾道元年歲次乙酉二月朔庚辰十一日庚寅孝子左奉議郎賜紫金魚袋某敢昭告於考新贈奉議

府君墳下某不肖去六月除權尚書兵部侍郎秋九月陞兼侍讀適上踐祚之初郊凡官陞朝已封贈者更與封贈而官爲侍從考贈典有加焉仍命詞給誥某既叨與從列濫該此恩遂獲贈府君右奉議郎嗚呼自紹興辛酉明堂恩迄今凡二十五年渥典始克復霑泉壤某不孝之罪尚忍言之尚饗

妣焚黃文

維紹興七年歲次丁巳某月某日孝子左通直郎樞密院編修官某謹以清酌庶羞之奠并孺人誥一通昭告於妣新贈孺人陳氏之靈天子紹興七年季秋大饗熙事告成加恩海内凡官歷朝者皆得封贈其親某紹興六年冬十月赴召都堂夏四月以上殿稱旨特改左通直郎該今恩得贈先妣孺人重念撫字之恩此固未足以報然聖上方以孝治天下凡爲人子者皆思有以榮其親故以贈封爲天下砥石以礪

天下之爲人子者則亦可謂甚重矣小子其敢貪天之恩以爲已力乎惟孺人靜順慈祥之德實有以致之尚克相某以復後命某方官於朝欲躬拜墳下弗克謹寓兄某以告尚饗

北歸告所生母曾孺人墓文

維紹興二十七年歲次丁丑正月戊辰朔十三日庚辰孝子某謹以酒菓昭告於先妣孺人曾氏之墓某自壬戌秋得罪於朝竄嶺外遠去膝下十有六年病不得嘗藥歛不得省棺葬不得沐櫛是為終天之痛不孝之罪萬死莫塞去年六月自崖州蒙恩移衡萬里來歸崎嶇畏途凡六月始克扶服墳下禮已除喪而後歸則之墓哭成踊括髮袒絰送賓反位又哭盡哀遂除嗚呼尚忍言之尚饗

陳瑶葬母祖奠祝文

禮士踰月而葬，吉陽之俗近夷，多陰陽拘畏，至有十數年不葬其親者，蓋所從來久矣。自先妣没，患難相仍，子立寡助。既祥累月，而旅櫬未厝，下同流俗。惟親之身不識黄土，𡡉亦既有年，人子之責，不孝莫大焉。嗚呼！不肖孤尚忍言之？今兹卜葬，既得永遷之禮，靈辰不留，謹奉柩車，式遵祖道，敢告。

祭文

祭清節先生文

維建炎四年歲次庚戌十二月巳己朔十三日辛己學生胡某謹以清酌脯脩之奠敬祭於清節先生蕭公子荆之靈漢罹莽禍鮑宣死忠蔡將君圖先生道窮火不王侵陰無日濛元祐以還新學汲溺嬈花儷葉聖道以熄天未喪文翳啟先生如唐得韓正論以興莊騷班馬郊島籍湜揉掇無餘舄狗篇章百八十年剥華就質粵若崇觀衆恬以嬉覺微孤騫秦鑑宋

龜軒組黨來屣脱如遺城下之盟中原喋血彼婉孌者腰頸決裂落落高標歲寒見節彼爲不清凛作玉屑顑惟馬走昔依朱墻北面遺經箴膏刮骨食實溉根報賜敢忘天不憖遺麟獲鉏商有蕘茂陵雷電取將其誰與歸屑涕黄腸哀哉尚饗

代祭十五叔文

嗚呼公乎生七十有五年而事不如意者十常八九學苦而名不顯志大而事不偶有子而不獲享其養雖壽而不得死於牖嗚呼哀哉自少至老攻苦如一身勞洒削家埒常粟而短褐體不完二齣口不及饜滿席以淡然義不掃夫一室嗚呼哀哉昔丁家艱倚伏我兄我用有成應書汴京繼撫吾子情均訓鯉同時計偕亦各中第嗟我父子非兄疇依中路多艱豺狼當岐險阻風波股肱相支彼牙角者卒顛以撥桑

榆晚節遭世多故越在鴒原患則相助卧病哉時一旦千古嗚呼哀哉天乎何辜失左右手痛如之何心折蒲槨浮蟻在壺䗶飲否嗚呼哀哉

祭嫂蕭夫人文

維紹興元年歲次辛亥某月某日叔具官胡某等敢昭告於嫂氏夫人嗚呼人莫不以有子爲樂有子而皆夭了然蓋棺如夫人爲可悲人莫不貪久生不幸不百年猶五六十年如夫人静順慈祥而中道以殞爲可悲人莫不以考終命爲生之榮而末年纏疾坎壈爲憂死爲可悲雖然此皆非夫人之所悲也夫人今雖終異時吾兄而有子視夫人猶母也則種嗣之絶非所悲方天下洶洶盜賊滿山年凶歲饑父子流

離有如宗祝祈死而不得者雖不百年如夫人非所悲當斯時也士大夫十七八爲兵死鬼生人無辜肝腦塗夷於原野間幸而得保首領死家簀蓋寡矣則雖纏疾坎壈以終牖下如夫人非所悲嗚呼夫人尚復奚憾哉某等治生讀書實惟嫂氏夫人教誨之生不能如文淵之敬廬死不能如旻倩之知恩喪不能如退之之服朞長負慼懃有泚其顙嗚呼有不腆牲酒終天永辭夫人其或歆之尚饗

祭李唐卿文

維紹興六年歲次丙辰正月己巳朔越十四日壬午具官胡某謹以清酌脯羞之奠敬祭於親文唐卿主簿之靈曰嗚呼公乎予讀公之墮淚碑見公少時慕劉士安之爲人而取以自名竊壯公之慷慨懷古而復悲公之志落落不就以死可爲痛哭流涕長太息者也嗚呼哀哉予嘗遐想古人如汲直之慕袁盎諸葛亮之慕管樂司馬文子朱文季之慕藺曹叔孫之慕叔孫先藕不帝之慕伍子胥楊景獻之慕孔光崔

安上之慕蕭武李文紀之慕張綱潘好禮之慕徐洪敏劉知幾之慕楊子雲皆自揆所養尚友古人卒皆奮功立名編簡以香蓋其平生所企慕者必躬行而身蹈之不少貶焉然則公之慕士安何如哉夫士安手權萬貨低昂如見錢流地上以佐唐中興之功牢盆邸閣不害海涵而地負其功名爲何如而公之蹇産一官當此洶洶堅臥白雲救物恤民之心百不一施遽溘然而逝其視士安爲何如予是以悲公之志不就爲之痛哭流涕長太息也嗚呼哀哉芻靈莫攀

黄腸莫回哭聲如振雷拔山淚如赴海之懸河浮蟻
在壺能復來嘗嗚呼哀哉尚饗

祭呂尚書文

嗚呼天乎何助桀爲虐而不與堯爲善乎姦鈇逆鼎逞桀之暴天胡爲不降之罰忠臣義士助堯爲善天胡爲必殞其元是爲善未必福爲惡未必禍而造物之茫然嗟嗟我公亦可謂大不幸此吾所以疾痛而呼天也天乎痛哉歲在豕帝有盜在夏睍周鼎之會牛眕長江而飲馬繫寇養威而桀驁髦鉞貪天而窮假頷頟淮城實襄據者公氣拂膺謂大不可亟往莅師天子命我是何異以麟將狼而以一簣之區區田

往瀾於既瀉，機潰而發，變生肘下，氣沸壓於岱嵩，身遂膏於原埜。雖引鉤斷舌，莫伸橋柱之冤；而嚼齒穿齦，益厲睢陽之罵。天乎痛哉！僕在山林，公獨我知，來赴闕下，首加品題，致康瓠蒙黄鍾之賞，而千金享補履之錐。賢人君子，方翕然恃以爲司命，而山崩海竭，將魚鳥之何依？天乎痛哉！公之幼孤，墮地纔臘，呱呱弗子，邊事方劇，拂劍出門，義不返顧，凶訃忽至，一旦千古。誰不碌碌，保妻子，公獨不暇事其孤，誰不保寵死家，簀公獨不得全其軀。何蘭摧玉折，而蕭艾榮敷

何姦回軟熟富貴壽考而剛方正直反夭厄以崎嶇
信顏跖不相勸而蒼蒼者固不可以曉與天乎痛哉
嗟嗟我公今復何爲耶止耶行耶昧耶明耶豈形亡
心在死而不忘君些將魂魄不死奄淮土以爲家些
豈塊然瞑漠鬱千古之墳些將上訴天帝泄不平之
冤些豈烜赫威靈血食萬世些將褭兵死鬼以磔反
虜些豈變爲長虹以吞此鯨鯢些將奮爲裂缺霹靂
以震蕩醜虜之窟穴些不然將長雄八公山使草木
皆神破符堅百萬之師些幽冥茫然聞不聞些天乎

痛哉哭聲如疾雷破山淚如注海之傾河復何爲耶

復何爲耶

祭四十四叔文

維紹興九年某月某日從子份等謹以清酌庶羞之奠祭於亡叔四十四承事之靈曰嗚呼吾叔可謂大不幸也自古皆有死命之短長天也而份以爲大不幸非痛吾叔之死痛其死而不克葬也吾叔死以丙辰冬十二月時適有寇至僅卒大殮側於里之西偏菜區雨淫水滋上漏旁穿至於今三年矣不識黄土爰可謂真不幸也春秋士踰月不葬則以爲無良子也吾叔固無子無所歸咎份等猶子也就令不克襄

事獨不能選一宗擇一焉以奉禋祀藏窀穸而令鼠輩睢盱旁若無人份等誠春秋罪人也不能逃責雖然則亦有辭矣自三四年來寇連不解人無一日奠居族黨閭里扶携以走至空其鄉生無以養則死者宜無以瘞族家有禄者今惟份與銓實受教以至於此責宜益厚然銓也位於朝今年始克歸份亦迫於禄奔走内史者數月惟是羣從日夜念舉吾叔之喪會份銓之歸則合謀以季父承祖之子後吾叔於是出棺以瘞尚聞此言所乏吾叔之祀者有如酒

祭德明兄文

維紹興十一年歲次辛酉四月己巳朔二十三日辛卯弟鐸等謹以清酌之奠祭於近故從兄貢元之靈惟兄平生攻苦圖立門户早歲貢名西雍連不得志於有司退就耕養不怨不尤一昨秋祀恩兄當應書以母夫人命不克行將以今年冬決策而西凡我一二昆弟將兄是望以張吾宗天作奇禍兄志不就溘先朝露我宗人大失所依嗚呼自亂來諸父諸兄大半成空其存者在叔惟二在兄惟四花春月秋招呼

詩酒吾兄未嘗不來來未嘗不極歡而罷也不見踰
月忽以病告一旦千古兄行中又減一人矣追惟臨
岐之言藹然薰心前兄寓城吾里屬有警病不及和
藥歛不及省棺念平生手足之恩愧恨次骨尚當糾
吾宗族撫兄之孤以卒兄之喪以慰兄母夫人垂老
之悲言有盡而情不可終嗚呼哀哉尚饗

代張丞相祭顏門下文

維紹興十一年歲次辛酉八月丙寅朔具位某謹以清酌庶羞之奠祭於故宮使大資顏公之靈曰嗚呼公乎實惟兖國公淵之苗裔淵也簞瓢公身三圭淵也短命公壽七十淵也無尺寸之地以行其志公嘗參大政事業暴天下較公所得亦已多矣復何所憾凡今爲公戚戚者萬里旅櫬無家以歸也將死之言無子以託也以是爲可悲耳雖然是處青山可埋骨旅櫬非所悲有弟有孫以承家無子非所悲然則凡

今爲公戚戚者皆非某之所悲也某嘗同朝有一日之雅來莅兹土又獲朝夕承顔接辭平生相知如公葢少一日不見而亡吁可悲也尚何言哉尚何言哉百統黄腸胥涕霑衣葢上以爲天下慟而下以哭其私嗚呼哀哉尚饗

代同官祭李提刑文 李丞相伯紀之弟

公出相家兮自致青雲晚蒙識拔兮一鶴鷄羣饜直省戶兮亭刑海壖不見運動兮人自不寃一夫得情兮萬里鳴絃誰不富貴兮衣錦夜行公不忘本兮持節吾鄉百姓蒙福兮願公壽康踰五望六兮忽焉其亡蘭桂委翳兮蕭艾則芳龍媒既逝兮駑牛上驤造物小兒兮固亦難量伯仲叔季兮森然鴈行今獨季在兮寗不盡傷矧皆故吏兮悲曷能忘邾莒之餐兮浮蟻滿觴嗚呼哀哉兮能復來嘗尚享

胡澹庵先生文集　卷三十一　十六

祭張機宜文

嗚呼文蔚奮布衣不數年官二千石不可謂仕而不遇然巧於謀身而拙於養生何也雖然豈獨文蔚哉李虛中精於術數知人死生禍福而不免赤黄之禍韓退之悲之退之銘李氏墓反覆數百言可謂知言矣而卒以藥石亡其軀張籍悲之文蔚平生高談古人未必不竊笑虛中退之無保身之哲也而卒與二子同科可勝惜哉浮蟻在壺能復來嘗尚饗

祭邦先兄文二章

維紹興十三年歲次癸亥十二月癸未朔十四日丙申弟寓新州某遠具時羞之奠敢告祭於六十五兄府君之靈今月初九日収家書報兄九月二十四日奄棄榮養聞問痛割嗚呼哀哉天禍我家以至此極也先人男女九人惟兄與某後死偕存自先人云亡兄撫某奉老母十有餘年一飯未嘗不同中間某或從事四方書來未嘗不道蓬山相依之樂兄之愛某至矣去年某以罪遠徙人以爲憂兄調護行李畧無

歎恨之色且戒其守當益堅是時見兄強健而語益壯以爲雖暫别終當久相與處殊忘遠去之苦遷謫之累言猶在耳遽成千古天乎何辜而至此極乎三月得端書報兄病兄批其前曰吾手振未能作書某憂駭不知所爲廢寢忘食者逾月既而端來兄書云吾比得氣疾今安矣問之端則云行履未健也某以是悒悒者又復累月八月二十八日新州兵還得七月十七日書云今已平復書辭優游知兄已安無疑也於是前之悒悒者釋然矣兄書又云吾恨不得一

徃寛吾弟之思兄雖不能來感兄之意如實來也書在牀頭墨猶如新誰謂釋然者遽變爲悲哀乎兄欲寛某之思而更益其苦乎垂白之親在堂滿眼幼孤某又在遠一念至此不如無生嗚呼哀哉嗚呼哀哉自古皆有死兄年方強則爲不克壽然古之聞道者死生猶朝夕兄自壯歲棄場屋不掛世網其聞道固了了想一念超然决不與碌碌者共盡將平生百爲一無可恨而又子可教兄弟可託文采可以傳後人居一世間如此足矣亦復奚憾某所以戚戚不能忘

哀者不孝不弟奔走北南而不得相依以生相守以老兄病不及嘗藥沒不及省棺是爲終身之痛嗚呼萬事已矣某尚忍言之他日或蒙宥北歸當屏跡田里奉老母以畢兄之志教二子以報兄之恩兄或未泯尚冀享棺一慟所食言者有如日嗚呼哀哉尚饗

又

維紹興十四年歲次甲子某月某日哀弟寓新州某謹令濂濟具薄奠敢昭祭於六十五兄府君之靈嗚呼忠孝公清人之四體或涉一偏兄獨兼備某頃立

朝戒勿佞媚使必盡忠有死無二自先君亡撫其如子奉太夫人孝感鄰里衆或不咸投鉏紛起曲直自平畏我公議人有鬻田沃野爭市百頃一金義不肥已合茲四者俯仰何愧人才之難多怵勢利有一如兄則死隨至嗚呼哀哉死生夜旦壽夭一致兄之存也不以得喪禍福動其心豈其沒也乃以死生壽夭二其志然事以甚難而可必理有甚微而難契富貴甚難而孔子以爲執鞭者可得行止甚微而孟氏以爲天理之所繫在昔東坡富貴脫屣至於行止之際

乃與志而相戾萬里北還欲寄顙尾謂與府君終老兄弟卒死於行願莫之遂兄之友我實過蘇氏相期百年斗粟同氣奈何歛不得洗棺墍不得親隧兹蓋東坡之所不可必徒太息而出涕惟兄平生富貴可必而不取則夫不可必者亦何足以深計寓斯文以寫哀非徒哭而有以蓋元結哭兄以戒貪鄙某也哭兄以勵廉退慟逸民之道喪嗟孤風之莫繼如麟鳳之空羣想江山之無氣嗚呼哀哉歸即新阡一無憾者永福親闈以昌子舍雖死亦榮從先君於地下尚

饗

代妻劉祭娣姒文

維長叔姒相與最久一别十年忽以死誘念汝之爲

五長俱有亦既抱孫我未有婦云胡不淑止四十九

金玉滿堂莫之能守嗚呼哀哉尚饗

胡澹庵先生文集　卷三　十一

祭三十五叔文

維紹興二十八年歲次戊寅四月庚寅朔二十一日庚戌，姪男某謹遣姪男某姪孫維寧等以香茗清酌之奠祭於近故三十五叔父府君之靈政和之末公坐吏議避地江淮日月其逝宣和癸卯銓遊賢關公遣僕僮問其燠寒靖康改元實來帝京足躡崎嶇訪銓弟兄丙午十月始克至汴銓適歸省不獲會面建炎二祀類試維揚忽焉相遭執手涕滂銓忝中科公喜異常伯氏世長時亦在部客土異方不期而遇把酒道舊感歎世故且喜且悲自旦達暮曾不浹日虜忽南渡大駕倉皇千官失措奉公以奔儀眞暫寓不忍言別摻袂依依曰此何時遂別而歸公亦適楚三歲長沙轉側兵間乃克還家獲擕杖屨從容久之山房野廬蔬蹻追隨曰奉誨言曰禮曰詩時方搶攘銓始喪父惟公是賴孰謂何怙父行八人兄十有五弟姪昆孫蓋以百數歲時爲壽軒蓋塡戶居亡幾何公復汎江自江入淮欲遊錢塘紹興丙辰銓始召見明年首夏賜對便殿時初息馬駐蹕金陵公來自淮又

獲趨承是冬十月銓官密院扈駕從杭公止淮甸遂
上湘潭徃觀峴首爰自襄陽徒步西走路經人鮭灖
瀕瞿塘蜀道孔艱險阻備嘗玄黓閹茂公始返旆銓
時官閩又重獲罪道江踰嶺適與公會公曰新興號
大法場汝宜慎節惟學是強銓拜稽首奉以周旋解
手違顏忽十六年鰐水蚍山颶霧蠻烟萬里朱崖鱷
波黏天母死不知兄斃孰憐不孝不忠死不塞愆強
顏忍恥攻苦塵編易禮春秋三書是箋莫補前惡庶
荅徃訓柔兆困敦恩徙內郡於衡之陽道出江左上

章乞假營毋遂顯因緣拜公於永和鎮壽考康寧容若齠齔田視向來父行惟公兄惟一存涕泪横胸自春涉秋誨藥是親曰汝生還古今幾人慰勞及孥薰然慈仁慨歎欷歔酸入四鄰遂合族姻觴我劬辛舉爵啣盃子孫振振一日不見忽以病告疾走寢門公强起笑戟手指喉瘍生於腰銓曰何傷此固易療誰謂彌留日引月增止藥謝醫寢不能興銓迫王事進退維谷以父命辭於義則曲拜辭床下悲不敢哭敢趨鴈峯將恐將懼其懼伊何懼聞公訃忽走書來一

旦千古喪不得奔歛不得視棺不得憑誰憐其穉遠寓奠誠莫克親致呼號於天罪乃至是我聞有命自便朝夕庶幾匍匐以助窀穸望鄉傷懷痛覔何極嗚呼哀哉尚饗

胡澹庵先生文集　卷三十

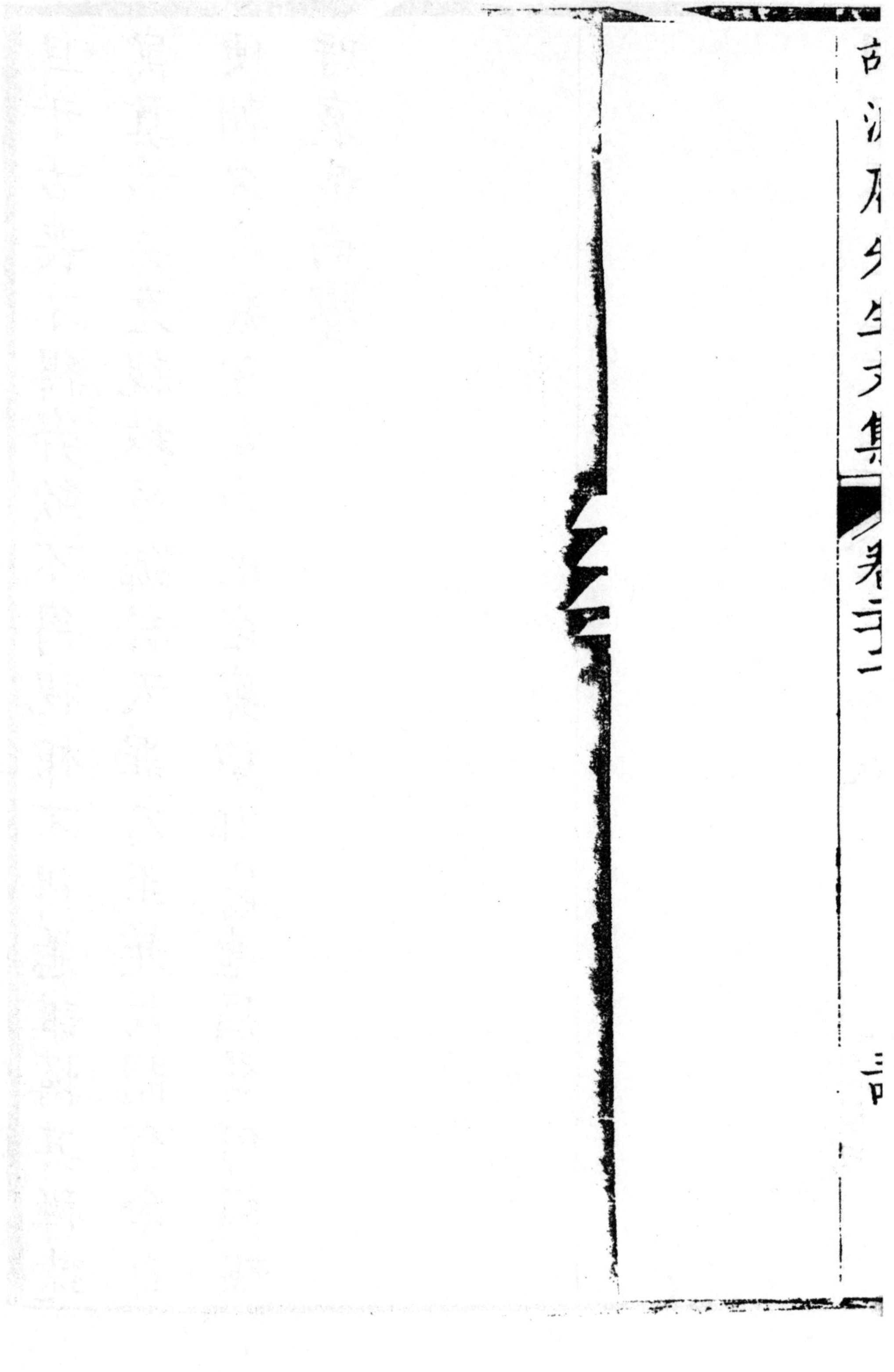

祭妻劉孺人文

維紹興二十九年歲次己卯七月某日夫期服胡某謹遣姪男濟致牲酒之奠於故室孺人劉氏之靈自君爲我家婦三十有二年家人長短不入我耳事我父我母盡孝居舅姑之喪盡哀事我兄嫂如事舅姑與我處嶺海同患難十有五年垢衣糲食如一日未嘗慍見不死於嶺海而歸死於鄉此君平生爲善之報吾滯留衡州君疾不得視醫藥病不得聞將死之言沒不得訣別以盡辭歛不得憑棺以盡悲壍不得

哭墓以送終罪我之由其又奚咎嗚呼哀哉吾老矣君不偕老是爲無涯之戚然壽五十有四命服在躬予二十年娣姒行如君蓋少況男女不失教男也克襄事四女有所歸其餘幼子弱女當長養成就以卒君之慈復何憾恨君之塋吾雖在遠而猶子詵詵皆能助執紼與吾送終一也嗚呼言有盡而情不可終吾尚忍言之尚饗

祭張魏公文

維隆興二年歲次甲申某月某日門生權尚書兵部侍郎兼侍讀胡某謹以清酌時羞之奠致祭於近故座主大丞相魏國張公先生之靈建炎戊申駐蹕維揚公爲春官貳卿文昌詳定殿廬多士在庭得銓大對謂如劉蕡擢寘第一執政不平遂降在五公驚待罪人謂公危公曰何害苗劉變作上皇蒙塵微公捍艱國步實屯復辟之功千祀一人富平之役如厲門踦日月之更人皆仰之賜環於闕百辟是師時維紹

興改元之始有盜在夏曰楊幺子羣偷相挺號百萬人湖北搶攘比屋紅巾憂見天顏岳飛授鉞公出視師纔三穀月一鼓賊平妖氛廓清凱還建康握秖迓衡辨賢不肖黑白大分羣小抵巇飛語上聞當宁致疑蓄怨未發會酈瓊叛淮南飆飆白簡交攻中以深文公竟坐之出帥七閩席不暇温危機復蹈竄徙流離半世嶺嶠飲氷食蘗以身殉道辛巳秋髙虜騎長驅逆亮顔行飲馬長江乘頭中原謂必無家百寮竄身轂下汹汹禾絹失色悉詔起公遂自長沙拜命總

戎膽落犬羊不戰而僨逆亮被戕一夕師遁頟頟淮城萬井相望知幾萬家微公幾亡嗣皇龍飛首請恢復都督諸軍勢如破竹符離之役喑嗚憯戎曷潰其師李邵爭功一云宏淵顯忠師雖奔潰公獨堅卧父子泣遠觀者淚墮虜不敢動復全淮南帝命公歸正位具瞻再登鼎司纔四穀朔百不一施讒口交鑠一跌不復羣飛刺天曷不憖遺一朝溘然上嘗語銓朕憂魏公旦旦籲天蘄公壽隆一離訾謗卒以癈死謂上不懷言猶在耳民之無祿國喪元龜爲天下慟非哭其私

公嘗謂人平生相知邦衡子韶始末不移子韶已矣銓獨在此懷禄不去其顙有泚敢遣家奴惟致生芻矯首望雲涕泗霑裾嗚呼哀哉尚饗

祭向運使文

維乾道元年歲次乙酉十一月朔丙午左奉議郎賜紫金魚袋胡某謹以清酌時饌敬祭於致政都督直閣向公尊丈靈筵噫嘻向公惟孝惟忠挺挺祖風幼知道尊集解魯論閑邪存誠壯能力行振職有聲洗手濯纓徧列名藩東濕戢姦去思轅扳晩佐魏公両淮總戎漕計其豐威憯虜庭甘言乞盟以老我兵腐夫柄朝爲惛爲妖虜兵日驕四郡屏毗棄之如遺以爲虜資公休於家袖手婆娑如蓍生何有子有孫甲

第名園獨樂如溫一旦訃傳善類唧寃號呼於天我辱公知報靡毫厘愧合忸怩寓奠一壺拊膺長吁涕下霑裾嗚呼哀哉尚饗

祭宋志文

維紹興十六年歲次丙寅四月庚子朔初二日辛丑澹庵老人以酒食一分祭宋志之靈汝隨我二十年餘我奔走四方數萬里汝無不隨計汝所抄書數千萬字以上悉有楷法汝之勤苦至矣我遷新州五年疾患艱難與汝同之使汝饑寒流離實我之過未有以報汝今汝舍我而死疾痛在心嗚呼哀哉他日我或北歸當挈汝之骨歸於汝之母兄弟妻子以慰汝之靈汝而有知當聞我言尚饗

祭周國夫人文

維紹興三十一年歲次辛次某月某日前左奉議郎胡某謹以清酌時羞之奠致祭於故周國夫人宇文氏之靈惟靈曺於甲族婉此相門累公累卿不恃家閥爲婦爲母綽有閫彝舉世推榮合宗是則云何不淑玆豈期天有子克家亦復奚憾某義猶從子禮合升堂敢展哀誠式陳菲奠尚饗

卷二十二畢